PONS

Wortschatz in BILDERN Italienisch

Neubearbeitung 2022

PONS GmbH
Stuttgart

Neubearbeitung auf der Basis von
Langenscheidt Wortschatz Italienisch Bild für Bild

ISBN 978-3-468-20222-3
Kreative Umsetzung und Autoren Beispielsätze:
Arndt Knieper, Martin Waller
Italienische Übersetzung: Caterina Buratin

1. Auflage 2022 (1,01 – 2022)

www.pons.de
Email: info@pons.de

Projektleitung: Christiane Mackenzie
Design und Layout: zweiband.media, Berlin
Druck und Bindung: Multiprint GmbH, Konstinbrod

ISBN 978-3-12-516285-3

INHALT

DIE GROSSE WELT — 204

RAUM & ZEIT — 242

REGISTER — 282

Du willst Spaß beim Lernen haben und nicht nur stur pauken?

Dann ist der PONS Wortschatz in Bildern genau das Richtige für dich. Dieser völlig neu konzipierte Wortschatz garantiert einen höchst vergnüglichen Lernerfolg.

Und das funktioniert so: Schon die Verknüpfung von einprägsamen Bildern mit einem Wort und die Verwendung des Wortes in einem Beispielsatz lassen die Wörter gut in Erinnerung bleiben. Noch besser funktioniert das, wenn es etwas zu lachen gibt. Ein witziger oder ironischer Zusammenhang zwischen Wort, Bild und Beispielsatz wirkt merk-würdig im besten Sinne, und am Ende wirst du feststellen: Du hattest nicht nur viel zu lachen, du hast dir auch viel gemerkt.

1

lo **spazzolino (da denti)**
[spattso'liːno (da 'dɛnti)] *n*
die Zahnbürste

Lo **spazzolino** era un segnale sicuro. Sarebbe rimasta.

Die Zahnbürste war ein sicheres Zeichen: Sie würde bleiben.

il **fon**
[fɔn] *n*
der Föhn

Che un semplice **fon** possa risvegliare questi sentimenti …

Dass ein einfacher Föhn solche Gefühle wecken kann …

2

la **spazzola**
['spattsola] *n*
die Haarbürste

il **sapone**
[sa'poːne] *n*
die Seife

la **crema**
['krɛːma] *n*
die Creme

il **dentifricio**
[denti'friːtʃo] *n*
die Zahnpasta

❶ Der Wortschatz ist nach fünf großen Lebensbereichen gegliedert und nach Häufigkeit, Aktualität und Gebrauchswert ausgesucht. Die Wörter stehen also in einem thematischen Zusammenhang, was das Lernen noch leichter macht.

❷ Zusätzliche Wortlisten ergänzen und erweitern den Wortschatz.

3 **tenere**
[te'neːre] *v*
behalten

4 Papà, per piacere, lo possiamo **tenere**?

Papa, bitte, können wir ihn behalten?

❸ Zu jedem Wort ist die Wortart, die Aussprache mit der IPA-Lautschrift (siehe Seite 8) und die deutsche Übersetzung angegeben.

❹ Das Stichwort ist zur schnelleren Orientierung in blauer Schrift hervorgehoben. So erkennst du es auch im Beispielsatz sofort.

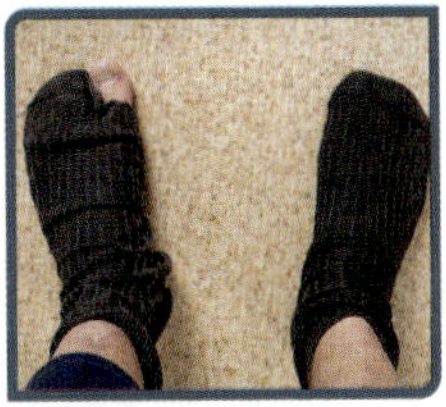

celibe, nubile
['tʃɛ:libe], ['nu:bile] *adj*
ledig

Finché rimango **celibe**, i miei piedi ricevono aria a sufficienza.

Solange ich ledig bleibe, bekommen meine Füße genügend Luft.

„Ledig" in Bezug auf einen Mann heißt im Italienischen celibe, bei Frauen sagt man nubile.

5

5 Tipps auf „Klebezetteln" informieren dich über den Gebrauch und die Unterscheidung von leicht zu verwechselnden Wörtern oder über andere sprachliche Eigenheiten, etwa zur Wortbildung.

● Und wenn du ein bestimmtes Wort suchst, kannst du es in den für jede Sprachrichtung separaten Registern am Ende des Buches finden.

VERWENDETE ABKÜRZUNGEN:

adj	Adjektiv
adv	Adverb
conj	Konjunktion
etw.	etwas
f	Femininum
interj	Interjektion
m	Maskulinum
m/f	Maskulinum und Femininum
n	Nomen bzw. Substantiv
phrase	Phrase bzw. Redewendung
pl	Plural
prep	Präposition
pron	Pronomen
v	Verb

Im Italienischen werden die Wörter in der Regel auf der vorletzten Silbe betont. Betont man sie auf der letzten Silbe, tragen sie einen Akzent. Daneben gibt es aber auch einige Wörter, die auf der dritt- oder viertletzten Silbe betont werden.

Das **h** am Anfang des Wortes wird im Italienischen nicht gesprochen. Das **r** wird mit der Zunge gerollt. Die Doppelkonsonanten (**bb, cc, ff, gg, ll, mm, nn, pp, rr, ss, vv** und **zz**) werden länger gesprochen, während der vorangehende Vokal kurz ist. Die richtige Aussprache der Doppelkonsonanten ist häufig zur Unterscheidung von Wörtern wichtig, z. B. **casa** [ka:za] Haus, aber **cassa** [kassa] Kiste, Kasse.

Die Buchstaben **c, g, s** und **z** werden unterschiedlich ausgesprochen, je nachdem, welcher Vokal oder welche Buchstabenkombination ihnen folgt. Die Aussprache von **sc** folgt den Regeln, die für das **c** gelten:

POSITION VON C + G	ZEICHEN	BEISPIELE	AUSSPRACHE
gefolgt von **a, o, u**	[k]	**camera** Zimmer **compleanno** Geburtstag **cultura** Kultur	**c** stimmlos wie in Kuchen
	[g]	**gabinetto** Toilette **gomito** Ellbogen **guida** Führer	**g** stimmlos wie in Garten
gefolgt von **i, e**	[tʃ]	**cielo** Himmel **cellulare** Handy	**c** wie in Tschüs
	[dʒ]	**gelato** Eis **giro** Runde	**g** wie in Dschungel
gefolgt von **hi, he**	[k, g]	**chiesa** Kirche **chela** Schere (von Schalentieren) **ghiro** Siebenschläfer **ghetto** Ghetto	stimmlos wie in Kuchen oder Kuss

Die Buchstaben **s** und **z** werden regional unterschiedlich ausgesprochen. Grundsätzlich können sie stimmhaft oder stimmlos sein:

POSITION VON S	ZEICHEN	BEISPIELE	AUSSPRACHE
zwischen zwei Vokalen	[z]	**casa** Haus	stimmhaft wie in Singen
gefolgt von stimmhaften Konsonanten wie z. B. **b, d, g, m, n, v**	[z]	**sbagliare** irren **sgabello** Hocker **snello** schlank **svegliare** wecken	stimmhaft wie in Singen

POSITION VON S	ZEICHEN	BEISPIELE	AUSSPRACHE
am Wortanfang	[s]	**sale** Salz **sole** Sonne	stimmhaft wie in Singen
nach stimmlosem Konsonant wie **r** oder **s**	[s]	**corsa** Rennen **falso** falsch	stimmlos wie in Gras
bei Verdoppelungen	[s]	**gesso** Kreide **tassa** Steuer	stimmlos wie in Gras

POSITION VON C + Z	ZEICHEN	BEISPIELE	AUSSPRACHE
am Wortanfang	[dz]	**zio** Onkel **zabaione** Zabaione	d plus s stimmhaft wie in Phase
zwischen zwei Vokalen	[dz]	**ozono** Ozon	d plus s stimmhaft wie in Phase
vor Vokalkombinationen **ia, ie, io**	[ts]	**grazie** danke **spazio** Raum	stimmlos wie in Zoll
nach dem Buchstaben **l**	[ts]	**alzare** heben **calza** Socke	stimmlos wie in Zoll

Darüber hinaus gibt es Konsonanten und Konsonantenkombinationen, die anders als im Deutschen ausgesprochen werden:

- gl gefolgt von i wird meistens [ʎ] wie die spanische Stadt Sevilla und ähnlich wie „lj“ in Million ausgesprochen. Gefolgt von a, o, u wird gl als [gl] wie in Glied ausgesprochen.
- gn [ɲ] wird wie in Kampagne ausgesprochen
- qu wird [ku] und nicht wie im Deutschen [kw] ausgesprochen.
- v wird [w] wie in Wagen ausgesprochen.

Treffen im Italienischen zwei Vokale aufeinander, wird der besseren Aussprache wegen ein Vokal eliminiert und durch einen Apostroph ersetzt. Auch vor h im Anlaut, das nicht gesprochen wird und auf das ein Vokal folgt, kann ein Apostroph gesetzt werden. Allerdings wird diese Regel nur im Singular angewendet.

Im Italienischen werden zwei Akzente verwendet, der accento grave (`) und der accento acuto (´). Für die Aussprache haben sie folgende Bedeutung:

- Akzente werden insbesondere bei mehrsilbigen Wörtern verwendet, die auf einen Vokal enden und auch dort betont werden, z. B. nazionalità [natsjonali'ta].
- Auf betontem **a, i, o** oder **u** steht meist der accento grave: perciò [per'tʃɔ], giù [dʒu].
- Bei **e** wird zwischen einer offenen und einer geschlossenen Aussprache unterschieden und diese durch den Einsatz der beiden Akzente deutlich gemacht.

Ein betontes **e** mit einem accento grave wird offen, ein betontes **e** mit einem accento acuto geschlossen ausgesprochen, z. B. bebè [be'bɛ] im Gegensatz zu sé [se].

ICH

io
['i:o] *pron*
ich

Io so di non sapere niente.

Ich weiß, dass ich nichts weiß.

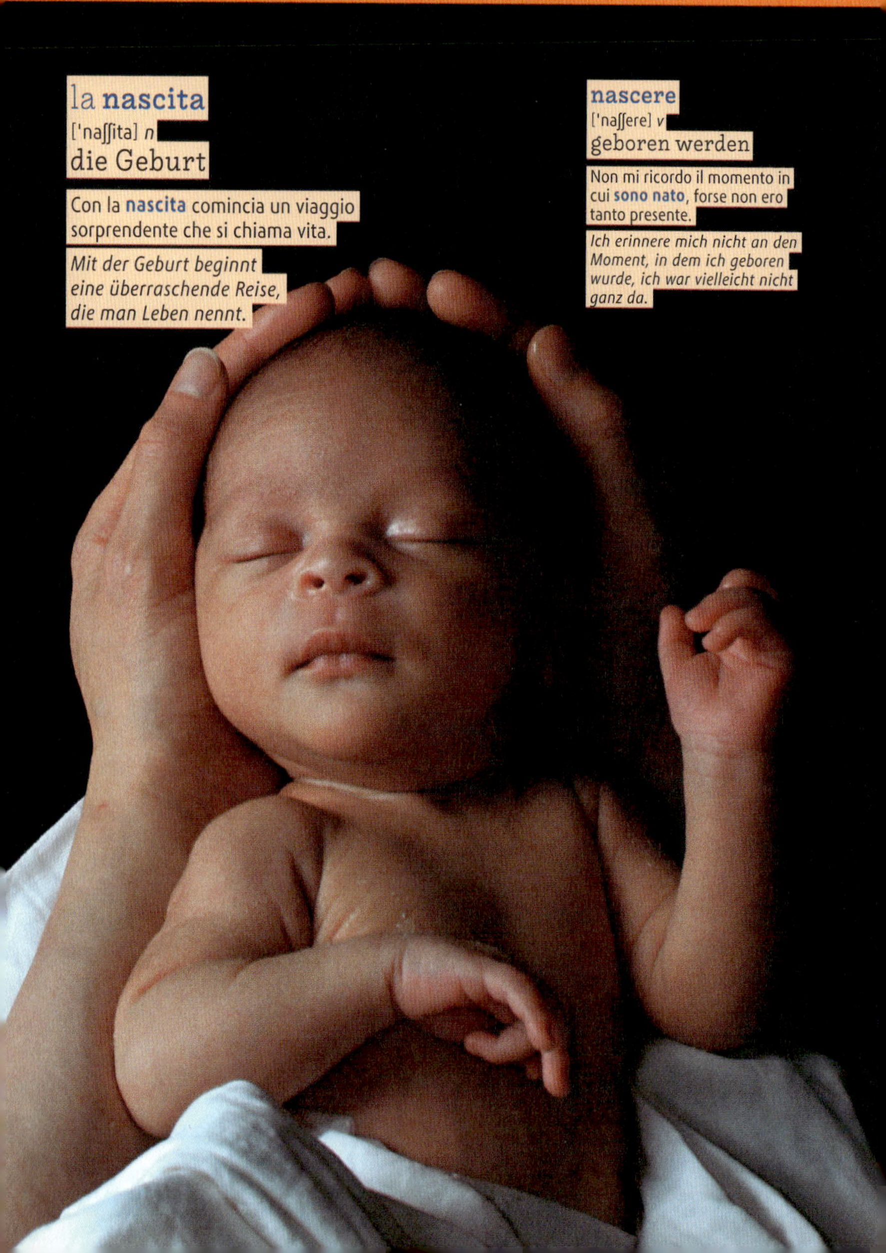

la **nascita**
['naʃʃita] *n*
die Geburt

Con la **nascita** comincia un viaggio sorprendente che si chiama vita.

Mit der Geburt beginnt eine überraschende Reise, die man Leben nennt.

nascere
['naʃʃere] *v*
geboren werden

Non mi ricordo il momento in cui **sono nato**, forse non ero tanto presente.

Ich erinnere mich nicht an den Moment, in dem ich geboren wurde, ich war vielleicht nicht ganz da.

il bebè
[be'bɛ] *n*
das Baby

Finché dorme, è il **bebè** più dolce del mondo.

Solange es schläft, ist es das süßeste Baby der Welt.

crescere
['kreʃʃere] *v*
(auf)wachsen

È cresciuto con gli animali.

Er ist mit Tieren aufgewachsen.

il bambino, la bambina
[bam'bi:no, bam'bi:na] *n*
das Kind, der Junge, das Mädchen

A volte non è così facile distinguere qual è il **bambino** e qual è la **bambina**.

Manchmal ist es nicht so einfach zu unterscheiden, wer Junge und wer Mädchen ist.

l'infanzia
[in'fantsja] *n f*
die Kindheit

Infanzia significa giocare in tutta serietà.

Kindheit heißt, mit vollem Ernst zu spielen.

Bambini sind Kinder bis zum Alter von etwa zwölf Jahren, *ragazzi* sind größere Kinder bzw. Jugendliche. *Ragazzo* und *ragazza* haben in Verbindung mit einem Possessivpronomen auch die Bedeutung „Freund" bzw. „Freundin".

il ragazzo, la ragazza
[ra'gattso, ra'gattsa] *n*
der Junge, der (junge) Mann, das Mädchen, die (junge) Frau

la gioventù
[dʒoven'tu] *n*
die Jugend

In **gioventù** si sente solo quel che si vuole sentire.

In der Jugend hört man nur, was man hören will.

giovane
['dʒo:vane] *adj*
jung

Opa sieht auf dem Foto so jung aus!

vecchio, -a
['vɛkkjo, -a] *adj*
alt

... und er ist nicht alt geworden ...

l'uomo, l'essere umano
['uɔ:mo, 'ɛssere u'ma:no] *n m*
der Mensch

E Dio creò l'**uomo** a sua immagine e somiglianza.

Und Gott schuf den Menschen nach seinem Ebenbild.

umano, -a
[u'ma:no, -a] *adj*
menschlich

Sbagliare è **umano**.

Irren ist menschlich.

adulto, -a
[a'dulto, -a] *adj*
erwachsen

Alcuni non diventano mai **adulti**.

Manche werden nie erwachsen.

la **donna**
['dɔnna] *n*
die Frau

Le **donne** vogliono sempre una cosa ...

Die Frauen wollen immer das eine ...

l'uomo
['uɔ:mo] *n m*
der Mann

... e gli **uomini** il contrario.

... und Männer das Gegenteil.

avere … anni
[a'veːre … 'anni] *phrase*
… Jahre alt sein

Ho già tre **anni**!

Ich bin schon drei Jahre alt!

vivere, essere vivo, -a
['viːvere], ['ɛssere 'viːvo, -a] *v*
leben

Heinz dice che vuole **vivere** in eterno.

Heinz sagt, er will ewig leben.

la **vita**
['viːta] *n*
das Leben

Mi sarei immaginata la mia **vita** completamente diversa.

Ich hab' mir mein Leben wirklich anders vorgestellt.

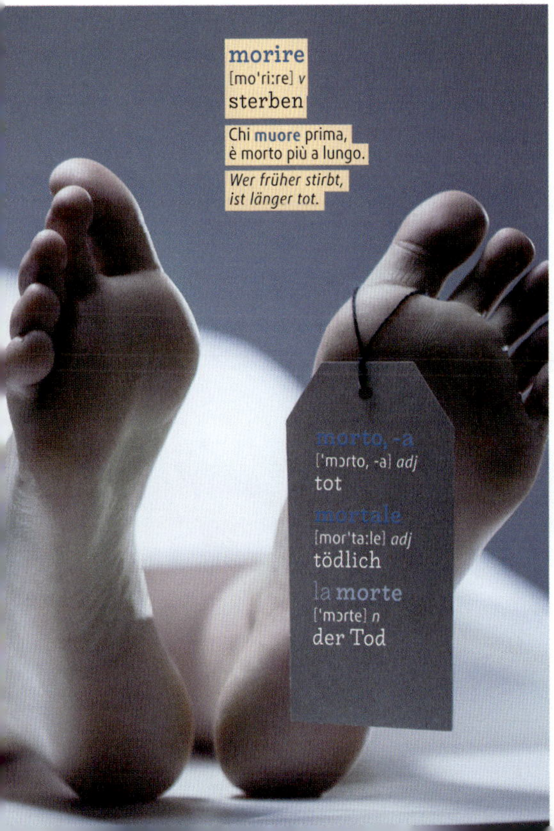

morire
[mo'riːre] *v*
sterben

Chi **muore** prima, è morto più a lungo.

Wer früher stirbt, ist länger tot.

morto, -a
['mɔrto, -a] *adj*
tot

mortale
[mor'taːle] *adj*
tödlich

la **morte**
['mɔrte] *n*
der Tod

vivo, -a
['viːvo, -a] *adj*
lebendig, am Leben

Ha funzionato! È **vivo**!

Es hat funktioniert! Es ist lebendig!

la **tomba**
['tomba] *n*
das Grab

La **tomba** del mio bisnonno si trova nella terza fila.

Das Grab meines Urgroßvaters ist in der dritten Reihe.

KÖRPER

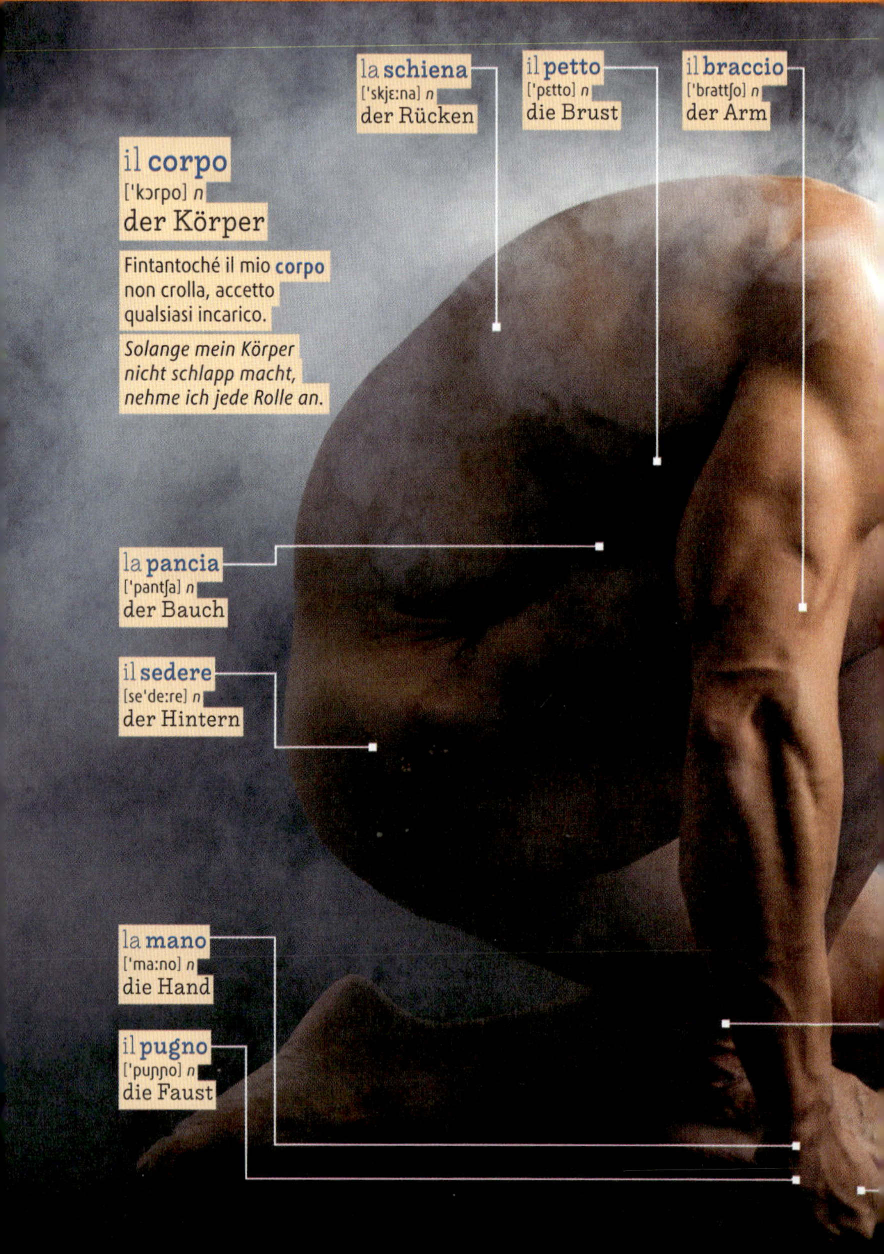

il **corpo**
['kɔrpo] *n*
der Körper
Fintantoché il mio **corpo** non crolla, accetto qualsiasi incarico.
Solange mein Körper nicht schlapp macht, nehme ich jede Rolle an.
la **schiena**
['skjɛ:na] *n*
der Rücken
il **petto**
['pɛtto] *n*
die Brust
il **braccio**
['brattʃo] *n*
der Arm
la **pancia**
['pantʃa] *n*
der Bauch
il **sedere**
[se'de:re] *n*
der Hintern
la **mano**
['ma:no] *n*
die Hand
il **pugno**
['puɲɲo] *n*
die Faust

la **testa**
['tɛsta] *n*
der Kopf

il **ginocchio**
[dʒi'nɔkkjo] *n*
das Knie

la **gamba**
['gamba] *n*
das Bein

il **piede**
['pjɛ:de] *n*
der Fuß

il **dito**
['di:to] *n*
der Finger, die Zehe

Einige Wörter für Körperteile, die im Singular männlich sind, haben eine weibliche Pluralform, z.B.
il braccio – le braccia;
il dito – le dita;
il ginocchio – le ginocchia.
Osso hat zwei Pluralformen: *le ossa* für menschliche Knochen und *gli ossi* für Tierknochen, also auch für Knochen im Fleisch.

il **sangue**
['saŋgue] *n*
das Blut

Adesso mi farei un goccetto di **sangue**.

Jetzt könnte ich ein Schlückchen Blut vertragen.

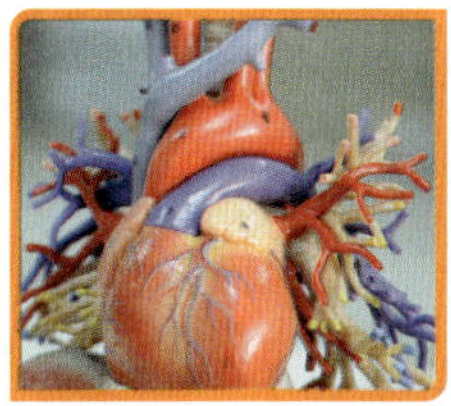

il **cuore**
['kuɔ:re] *n*
das Herz

Chi ha bisogno di un **cuore** se può essere spezzato?

Wer braucht ein Herz, wenn ein Herz gebrochen werden kann?

l'**osso**
['ɔsso] *n m*
der Knochen

Il corpo umano ha 206 **ossa**, a me ne basta uno.

Ein Mensch hat 206 Knochen. Für mich reicht einer.

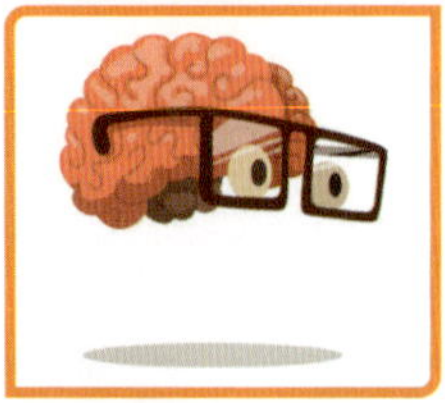

il **cervello**
[tʃer'vɛllo] *n*
das Gehirn

Il **cervello** umano è capace delle prestazioni più incredibili.

Das menschliche Gehirn ist zu den erstaunlichsten Leistungen fähig.

la **lingua**
['liŋgua] *n*
die Zunge

È tutta un'altra sensazione con questo sulla **lingua**.

Man hat damit ein ganz anderes Gefühl auf der Zunge.

il **dente**
['dɛnte] *n*
der Zahn

Effettivamente manca un **dente**!

Tatsächlich, da fehlt ein Zahn!

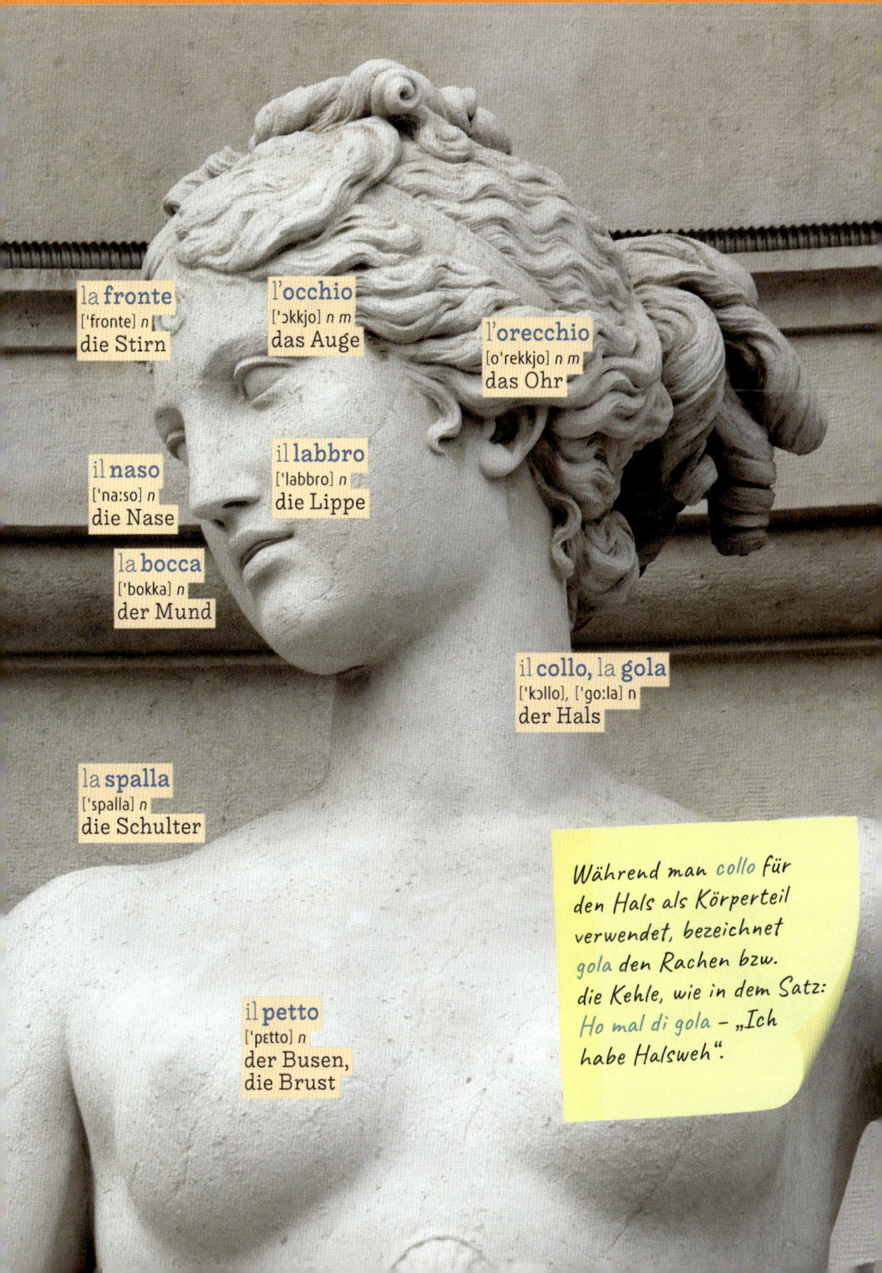

Während man collo für den Hals als Körperteil verwendet, bezeichnet gola den Rachen bzw. die Kehle, wie in dem Satz: Ho mal di gola – „Ich habe Halsweh".

la bellezza
[bel'lettsa] *n*
die Schönheit

La **bellezza** è potere, un sorriso è la sua arma vincente.

Schönheit ist Macht, ihre siegreiche Waffe ein Lächeln.

la faccia
['fattʃa] *n*
das Gesicht

Non fare una **faccia** così strana.

Mach nicht so ein komisches Gesicht.

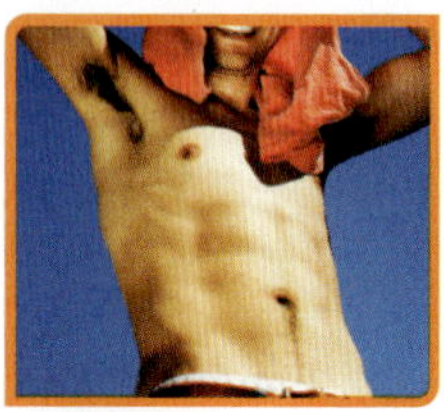

snello, -a
['znɛllo, -a] *adj*
schlank

Sì, è **snello**, ma non c'è nient'altro.

Ja, er ist schlank, das ist aber auch schon alles.

assomigliare
[assomiʎ'ʎa:re] *v*
ähneln

Da vicino non si **assomigliano** proprio così tanto.

Von Nahem ähneln sie sich gar nicht mehr so sehr.

il capello
[ka'pello] *n*
das Haar

Con questi **capelli** non posso uscire nei giorni di vento.

Mit diesem Haar kann ich an windigen Tagen nicht raus.

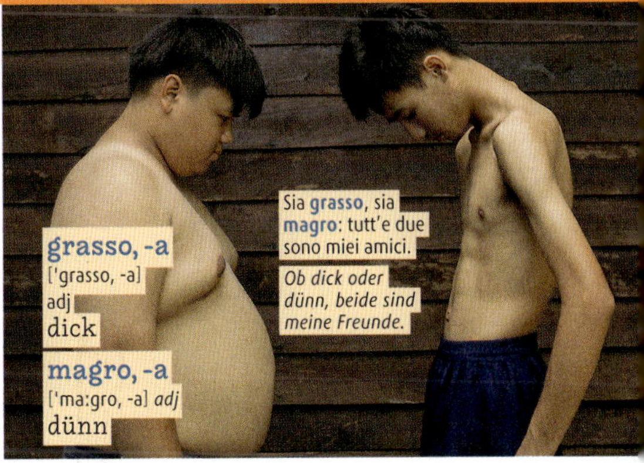

grasso, -a
['grasso, -a] *adj*
dick

magro, -a
['ma:gro, -a] *adj*
dünn

Sia **grasso**, sia **magro**: tutt'e due sono miei amici.

Ob dick oder dünn, beide sind meine Freunde.

la pettinatura
[pettina'tu:ra] *n*
die Frisur

Attenzione, il mio avvocato è specializzato in **pettinature** rovinate!

Vorsicht, mein Anwalt ist auf ruinierte Frisuren spezialisiert!

brutto, -a
['brutto, -a] *adj*
hässlich

Mamma, con questa **brutta** cravatta non vengo!

Mama, mit der hässlichen Krawatte geh' ich nicht mit.

carino,-a
[ka'ri:no, -a] *adj*
hübsch

È proprio **carina** con il suo vestito nuovo.

Sie sieht richtig hübsch aus in ihrem neuen Kleid.

piccolo, -a
basso, -a
['pikkolo, -a], ['basso, -a] *adj*
klein

grande, alto, -a
['grande], ['alto, -a] *adj*
groß

Se non fossi così **piccolo**, ci arriveresti facilmente. – Ah, che dici, tu sei semplicemente troppo **alto**.

Wenn du nicht so klein wärst, kämest du besser ran. – Ach was, du bist einfach zu groß.

Basso („klein") und alto („groß") beziehen sich nur auf die Länge bzw. Höhe, während grande jemand oder etwas Großes und Kräftiges bezeichnet und piccolo eine umfassendere Bedeutung hat.

il **carattere**

[ka'rattere] *n*

der Charakter

Le esperienze hanno segnato il suo **carattere**.

Erfahrungen haben ihren Charakter geprägt.

allegro, -a
[al'le:gro, -a] *adj*
fröhlich, heiter

È stata la vacanza più **allegra** della mia vita.

Das war der fröhlichste Urlaub meines Lebens.

bravo, -a
['bra:vo, -a] *adj*
brav

Sii **brava** e mangia le tue carote.

Sei brav und iss deine Karotten.

la **pazienza**
[pat'tsjɛntsa] *n*
die Geduld

Il leone dimostrava molta **pazienza** con il domatore.

Der Löwe zeigte viel Geduld mit dem Dompteur.

pazientemente
[pattsjɛnte'mente] *adv*
geduldig

Aspettava **pazientemente** sua moglie.

Geduldig wartete er auf seine Frau.

impaziente
[impat'tsjɛnte] *adj*
ungeduldig

Comincio a diventare **impaziente**.

Langsam werd' ich ungeduldig.

coraggioso, -a
[korad'dʒo:so, -a] *adj*
mutig

È **coraggiosa** o semplicemente stupida?

Ist sie mutig oder einfach nur doof?

il **coraggio**
[ko'raddʒo] *n*
der Mut

Arrivato in cima, il **coraggio** mi ha abbandonato.

Oben angekommen, verließ mich der Mut.

maleducato, -a
[maledu'kaːto, -a] *adj*
unhöflich

Non ha importanza come siano i biscotti di zia Anna, questo significa essere **maleducata**!

Egal, wie Tante Annas Kekse schmecken, das ist einfach unhöflich!

divertente
[diver'tɛnte] *adj*
lustig, komisch

Cercava in tutti i modi di essere **divertente**.

Er versuchte verzweifelt, lustig zu sein.

serio, -a
['sɛːrjo, -a] *adj*
ernst, ernsthaft

Devi sempre prendere tutto così sul **serio**?

Musst du immer alles so ernst nehmen?

simpatico, -a
[sim'paːtiko, -a] *adj*
sympathisch, nett

È stato così incredibilmente **simpatico** che non ho potuto resistere.

Er war so unglaublich nett, da konnte ich nicht widerstehen.

curioso, -a
[ku'rioːso, -a] *adj*
neugierig

Chi non è **curioso**, non riuscirà mai a sfondare.

Wer nicht neugierig ist, schafft den Durchbruch nie.

prudente
[pru'dɛnte] *adj*
vorsichtig

Sii **prudente** alla guida, amore!

Fahr vorsichtig, Schatz!

stupido, -a
['stu:pido, -a] *adj*
dumm

Sono semplicemente troppo **stupido** per questi noiosi compiti per casa.

Ich bin einfach zu dumm für diese blöden Hausaufgaben.

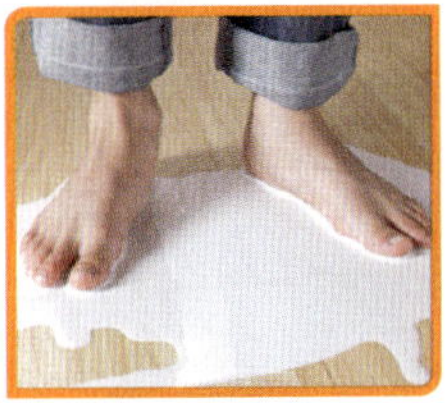

la **stupidità**
[stupidi'ta] *n*
die Dummheit

E adesso ci vai anche sopra. Ma quanta **stupidità**!

Und jetzt trittst du auch noch rein. Was für eine Dummheit!

imprudente
[impru'dɛnte] *adj*
unvorsichtig

Devi subito buttare fuori questo baby-sitter **imprudente**.

Du musst diesen unvorsichtigen Babysitter sofort rausschmeißen.

pigro, -a
['pi:gro, -a] *adj*
faul

Sì, sono **pigro**, e allora?

Ja, ich bin faul, na und?

calmo, -a
['kalmo, -a] *adj*
ruhig

Come puoi stare così **calmo**? Sono incinta!

Wie kannst du da so ruhig bleiben? Ich bin schwanger!

gentile
[dʒen'ti:le] *adj*
lieb, freundlich

Hanna oggi è stata particolarmente **gentile** con sua sorella.

Hanna war heute besonders lieb zu ihrer Schwester.

il **sentimento**
[senti'mento] *n*
das Gefühl,
die Empfindung

Non si possono reprimere i veri **sentimenti** ...

Wahre Gefühle kann man nicht unterdrücken ...

piacere
[pja'tʃe:re] *v*
mögen

Mi **piace** arrivare velocemente in ufficio.

Ich mag es, schnell ins Büro zu kommen.

il **piacere**
[pja'tʃe:re] *n*
die Freude, der Gefallen

È stato un **piacere** vederti senza tuo marito.

Es war eine Freude, dich ohne deinen Mann zu sehen.

la **sorpresa**
[sor'pre:sa] *n*
die Überraschung

A mia **sorpresa** la mia ragazza ha organizzato una piccola festa.

Zu meiner Überraschung hatte meine Freundin eine kleine Party organisiert.

la **paura**
[pa'u:ra] *n*
die Angst

Di cosa hai **paura**? È solo un animaletto minuscolo!

Wovor hast du Angst? Das ist doch nur ein winziges Tierchen!

come
['ko:me] *adv*
wie

Qui mi sento **come** in paradiso.

Hier fühle ich mich wie im Paradies.

soddisfatto, -a
[soddis'fatto, -a] *adj*
zufrieden

Mi ha cambiato il vestito, adesso sono **soddisfatta**.

Sie haben mir das Kleid umgetauscht, jetzt bin ich zufrieden.

non sopportare
[non soppor'ta:re] *v*
nicht leiden können

Non ti **sopporto** proprio!

Ich kann dich echt nicht leiden!

terribile
[ter'ri:bile] *adj*
schrecklich

L'hotel era semplicemente **terribile**!

Das Hotel war einfach schrecklich!

il **lutto**
['lutto] *n*
die Trauer

Il suo **lutto** era abbastanza contenuto.

Ihre Trauer hielt sich ziemlich in Grenzen.

felice
[fe'li:tʃe] *adj*
glücklich

Sono così **felice**, quasi da stare male.

Ich bin so glücklich, dass es schon wehtut.

preferito, -a
[prefe'ri:to, -a] *adj*
Lieblings-

Non è possibile! Stanno rubando la mia auto **preferita**!

Das gibt's doch nicht! Die klauen gerade mein Lieblingsauto!

contento, -a
[kon'tɛnto, -a] *adj*
froh

Ich bin froh, dass der Blumenladen noch offen hatte.

il **sorriso**
[sor'ri:so] *n*
das Lächeln

Un semplice **sorriso** può salvare una giornata intera.

Ein einziges Lächeln kann einem den ganzen Tag retten!

piangere
['pjandʒere] *v*
weinen

Quando Sam corre dietro a Frodo in acqua, mi viene sempre da **piangere**.

Wenn Sam Frodo ins Wasser nachläuft, muss ich immer weinen.

sgradevole
[zgra'de:vole] *adj*
unangenehm

Potrebbe essere abbastanza **sgradevole**.

Das könnte ziemlich unangenehm werden.

ridere
['ri:dere] *v*
lachen

E voi potete **ridere** di una stupidaggine del genere!

Über so einen Blödsinn könnt ihr Typen lachen!

triste
['triste] *adj*
traurig

Non essere **triste**. Il prossimo anno rimontate.

Sei nicht traurig. Nächstes Jahr steigt ihr wieder auf.

solo, -a
['so:lo, -a] *adj*
einsam

Tornata in hotel, Aisha si sentiva di nuovo terribilmente **sola**.

Zurück im Hotel, fühlte Aisha sich wieder furchtbar einsam.

la **gioia**
['dʒɔ:ja] *n*
die Freude

gradevole
[gra'de:vole] *adj*
angenehm

sentirsi
[sen'tirsi] *v*
sich fühlen

infelice
[infe'li:tʃe] *adj*
unglücklich

le **risate**
[ri'sa:te] *n pl*
das Lachen

sorridere
[sor'ri:dere] *v*
lächeln

la **tristezza**
[tris'tettsa] *n*
die Traurigkeit

la **felicità**
[felitʃi'ta] *n*
das Glück

essere contento, -a
['ɛssere kon'tɛnto, -a] *v*
sich freuen

sorprendere
[sor'prɛndere] *v*
überraschen, erstaunen

il **ricordo**
[ri'kɔrdo] *n*
die Erinnerung

Un attimo, il **ricordo** ritorna a poco a poco.

Einen Moment, die Erinnerung kommt langsam wieder.

credere
['kreːdere] *v*
glauben

Ma chi ti **credi** di essere?

Was glaubst du eigentlich, wer du bist?

pensare
[pen'saːre] *v*
denken

Una domanda veloce: cosa ne **pensa** del lavoro da casa?

Nur eine kurze Frage: Was denken Sie über Heimarbeit?

sapere
[sa'peːre] *v*
wissen

Bisognerebbe sempre **sapere** bene cosa si fa ...

Man sollte immer genau wissen, was man tut ...

chiedersi
['kjɛːdersi] *v*
sich fragen

Mi chiedo come possa funzionare.

Ich frage mich, wie das je funktionieren soll.

dimenticarsi
[dimenti'karsi] *v*
vergessen

Sì, **me** li **sono dimenticati** – adesso me li posso proprio scordare.

Tja, die hab' ich vergessen – nun kann ich sie wohl vergessen.

il **pensiero**
[pen'sjɛːro] *n*
der Gedanke

Mein Haarschnitt ist voll ätzend!

Das wollte ich gerade sagen. Kann er Gedanken lesen?

accorgersi
[ak'kɔrdʒersi] *v*
bemerken

Per fortuna non **si è** ancora **accorta** di me.

Zum Glück hat sie mich noch nicht bemerkt.

aspettarsi
[aspet'tarsi] *v*
erwarten, rechnen mit

No, questo davvero non **me** lo **sarei** mai **aspettata**!

Nein! Das hätte ich wirklich nie erwartet!

ricordarsi
[rikɔr'darsi] *v*
sich erinnern

Riesco a **ricordarmi** dell'auto, ma non del suo nome.

An das Auto kann ich mich erinnern, an seinen Namen nicht.

vedere
[ve'de:re] *v*
sehen

A volte è meglio non **vedere** tutto troppo chiaramente.

Manchmal ist es besser, nicht alles scharf zu sehen.

guardare
[guar'da:re] *v*
(an)schauen, nachsehen

I cacciatori che **guardano**, non sparano.

Jäger, die schauen, schießen nicht.

l'occhiata
[ok'kja:ta] *n f*
der Blick

Quando un'**occhiata** può uccidere …

Wenn Blicke töten könnten …

sentire
[sen'ti:re] *v*
hören, fühlen, riechen

Non gridare, ci **sento** ancora molto bene.

Schrei mich nicht an, ich höre noch sehr gut.

il rumore
[ru'mo:re] *n*
das Geräusch, der Lärm, der Krach

Chi decide se è musica o **rumore**?

Wer entscheidet, ob es Musik oder Krach ist?

toccare
[tok'ka:re] *v*
berühren, anfassen

Mi piace quando mi **tocchi**.

Ich mag es, wenn du mich berührst.

l'odore
[o'do:re] *n m*
der Geruch

Mi piace sempre di più quest'**odore**.

Mehr und mehr fasziniert mich dieser Geruch.

profumare
[profu'ma:re] *v*
duften, riechen

Ma dovrebbe **profumare**!

Aber sie müsste doch duften!

puzzare
[put'tsa:re] *v*
stinken

Thomas dice che il bagno **puzza**. Io trovo che esageri.

Thomas meint, die Toilette stinkt. Ich finde, er übertreibt.

credere
['kre:dere] *v*
glauben

Devo solo **creder**ci fino in fondo …

Ich muss nur fest genug dran glauben …

ascoltare
[askol'ta:re] *v*
(zu)hören

Langsamer, Mädels – hört auf die Musik!

sperare
[spe'ra:re] *v*
hoffen

Spero che il marciapiede venga finalmente riparato.

Ich hoffe, der Gehweg wird endlich mal repariert.

supporre
[sup'porre] *v*
annehmen, vermuten

Suppongo che voglia qualcosa da me.

Ich nehme an, sie will etwas von mir.

l'impressione
[impres'sjo:ne] *n f*
der Eindruck

Ricordatelo, la prima **impressione** è quella che conta.

Immer dran denken: Der erste Eindruck zählt!

fare
['fa:re] *v*
tun, machen

Che diavolo **fai**? Credevo che **stessi facendo** la cena!

Was zur Hölle tust du denn da? Ich dachte, du machst das Abendessen!

lasciare
[laʃ'ʃa:re] *v*
lassen

Lasciami stare! – Ma almeno **lascia**mi guardare …

Lass los! – Aber lass es mich doch wenigstens angucken …

utile
['u:tile] *adj*
nützlich

Se la carta igienica è finita, i fazzoletti da naso sono molto **utili**.

Ist das Klopapier aus, sind Taschentücher sehr nützlich.

entrare
[en'tra:re] *v*
hereinkommen, eintreten

Prego, **entri**!

Kommen Sie nur herein!

usare
[u'za:re] *v*
benutzen, verwenden

Vi preghiamo di **usare** questo!

Bitte das hier verwenden!

muoversi
['muɔversi] *v*
sich bewegen

Se lo vuoi prendere, devi **muoverti** di più!

Wenn du ihn fangen willst, musst du dich mehr bewegen!

la **cosa**
['kɔ:sa] *n*
das Ding, die Sache

Quella **cosa** che viene dallo spazio.

Das Ding aus dem All.

lasciare
[laʃ'ʃa:re] *v*
verlassen

L'**ha lasciata** senza una parola, ma con grande fracasso.

Er verließ sie ohne ein Wort, aber mit großem Getöse.

l'**attività**
[attivi'ta] *n f*
die Tätigkeit

l'**azione**
[a'tsjo:ne] *n f*
die Handlung

la **faccenda**
[fat'tʃɛnda] *n*
die Angelegenheit, die Sache

l'**oggetto**
[od'dʒɛtto] *n m*
der Gegenstand

venire
[ve'ni:re] *v*
kommen

Ma come mai **sei venuta**?

Aber wieso bist du überhaupt gekommen?

andare
[an'da:re] *v*
gehen, fahren

La prossima volta **andiamo** in macchina.

Das nächte Mal fahren wir mit dem Auto.

portare
[por'ta:re] *v*
tragen

Attenzione, **porta** una pistola!

Vorsicht, er trägt eine Waffe!

tirare
[ti'ra:re] *v*
ziehen

Posso **tirare** gli anelli quanto voglio, il soffitto non si avvicina.

Ich kann an den Ringen ziehen wie ich will, die Decke kommt nicht näher.

spingere
['spindʒere] v
schieben, drücken

Non state lì impalati a guardare, aiutateci a **spingere**!

Schauen Sie nicht nur zu, helfen Sie schieben!

mettere
['mettere] v
setzen, stellen, legen

Bene, ne **metto** ancora uno. – Una casa non diventa lo stesso.

Gut, ich lege noch einen drauf. – Ein Haus wird trotzdem nicht draus.

girare
[dʒi'ra:re] v
drehen, umdrehen

Si **è girata** verso di me, ha sorriso – e d'improvviso il colpo.

Sie drehte sich zu mir um, lächelte – und schon krachte es.

tenere
[te'ne:re] v
halten

Solo io posso **tenere** il nostro gatto. Tutti gli altri li graffia.

Nur ich darf unsere Katze halten. Alle anderen kratzt sie.

Mettere kann außer „setzen", „stellen", „legen" auch „hängen", „aufsetzen" und vieles mehr heißen. Die Übersetzung hängt sehr vom Kontext ab.

preparare
[prepa'ra:re] v
vorbereiten

Non volevi **preparare** la corda?

Wolltest du nicht das Seil vorbereiten?

provare
[pro'va:re] v
versuchen

Se solo ci **provi** un bel po' di volte, ce la fai anche tu.

Wenn du es nur oft genug versuchst, schaffst du es auch.

sicuro, -a
[si'ku:ro, -a] *adj*
sicher

Non sono **sicura** *che sia lui il padre …*

Ich bin mir nicht sicher, ob er der Vater ist …

lo **sforzo**
['sfɔrtso] *n*
die Anstrengung

Per l'obiettivo giusto vale la pena fare qualsiasi **sforzo**.

Das richtige Ziel ist jede Anstrengung wert.

la **decisione**
[detʃi'zjo:ne] *n*
die Entscheidung

Bisogna riflettere bene su questa **decisione**.

Diese Entscheidung will gut überlegt sein.

progettare
[prodʒet'ta:re] *v*
planen

Als nächsten Schritt habe ich geplant, alle Wände gelb zu streichen.

probabile
[pro'ba:bile] *adj*
wahrscheinlich

È **probabile** che arrivi con qualche minuto di ritardo.

Ich komme wahrscheinlich ein paar Minuten später.

decidere
[de'tʃi:dere] *v*
entscheiden

certo, -a
['tʃɛrto, -a] *adj*
sicher, gewiss

possibile
[pos'si:bile] *adj*
möglich

forse
['forse] *adj*
vielleicht

impossibile
[impos'siːbile] *adj*
unmöglich

Te l'avevo detto: è **impossibile** guadagnare soldi così.

Ich hab's dir gesagt: Damit kann man unmöglich Geld verdienen.

togliere
['tɔʎʎere] *v*
entfernen, wegnehmen

Non avrei dovuto farmi **togliere** i peli.

Ich hätte mir meine Haare doch nicht entfernen lassen sollen.

trovare
[tro'vaːre] *v*
finden

Tiè, volete vedere che non mi **trovate**?

Ätsch, wetten, dass ihr mich nicht findet?

cercare
[tʃer'kaːre] *v*
suchen

Se solo sapessi cosa **stiamo cercando** ...

Wenn ich nur wüsste, wonach wir überhaupt suchen ...

avere bisogno di
[a'vere bi'zoɲɲo di] *phrase*
brauchen

Ho bisogno di altri cinque minuti ...

Ich brauch' noch fünf Minuten ...

dormire
[dor'miːre] *v*
schlafen

Meglio otto ore di lavoro piuttosto che non **dormire** per niente.

Lieber acht Stunden Arbeit, als gar nicht schlafen.

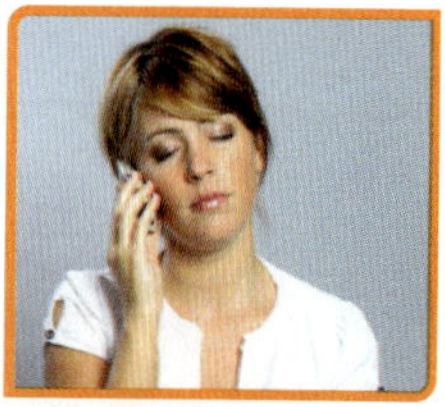

addormentarsi
[addormen'tarsi] *v*
einschlafen

È stato così noioso, **mi sono** quasi **addormentata**.

Er war so langweilig, ich bin fast eingeschlafen.

svegliare
[zveʎ'ʎaːre] *v*
wecken

Ho un metodo infallibile per **svegliare** papà.

Ich hab' eine todsichere Methode, Papa zu wecken.

stanco, -a
['staŋko,-a] *adj*
müde

Ah, andate dalle zebre, adesso sono **stanco**.

Ach, geht doch rüber zu den Zebras, ich bin jetzt müde.

svegliarsi
[zveʎ'ʎarsi] *v*
aufwachen

Fine della giornata di lavoro, è ora di **svegliarsi**.

Feierabend. Zeit, aufzuwachen.

alzarsi
[al'tsarsi] *v*
aufstehen

Quando Leopold **si alza** di così buonumore, è insopportabile.

Wenn Leopold mit so guter Laune aufsteht, ist er unerträglich.

possedere
[posse'deːre] *v*
besitzen

Ho sempre desiderato di **possedere** una barca così.

So ein Boot wollte ich schon immer besitzen.

proprio, -a
['prɔprjo, -a] *adj*
eigen

Finalmente un appartamento **proprio**!

Endlich eine eigene Wohnung!

tenere
[te'neːre] *v*
behalten

Papà, per piacere, lo possiamo **tenere**?

Papa, bitte, können wir ihn behalten?

la **proprietà**,
il **possesso**
[proprje'ta], [pos'sɛsso] *n*
der Besitz,
das Eigentum

Finalmente ho una **proprietà**: il mio pezzo di terra!

Endlich Eigentum: Mein eigenes Stück Land!

dare
['da:re] *v*
geben

Dammi l'orsacchiotto!
Gib MIR den Teddy!

avere
[a've:re] *v*
haben

Da oggi **ho** davvero un buon amico.
Seit heute habe ich einen richtig guten Freund.

prendersi
['prɛndersi] *v*
bekommen, abkriegen

Suddivisione dei compiti: lui **si prende** i colpi, io i soldi.
Arbeitsteilung: Er bekommt die Schläge, ich das Geld.

Als Hilfsverb dient **avere** bei den meisten Verben zur Bildung der zusammengesetzten Zeiten. Steht in dem Satz ein direktes Objekt (l', lo, li, le) vor dem Partizip, so wird das Partizip an dieses angeglichen.

ricevere
[ri'tʃe:vere] *v*
erhalten, bekommen

Non **ha** già **ricevuto** ieri delle scarpe?
Haben Sie nicht gestern schon Schuhe bekommen?

prendere
['prɛndere] *v*
nehmen

Non **prendere** la vita troppo sul serio.
Nimm das Leben nicht zu ernst.

portare
[por'ta:re] *v*
(mit)bringen

Porti pure la sua ragazza.

Bringen Sie ruhig Ihre Freundin mit.

appartenere
[apparte'ne:re] *v*
gehören

Le ceste **appartengono** tutte a mia moglie, anche le borse.

Die Körbe gehören alle meiner Frau, die Taschen auch.

accettare
[attʃet'ta:re] *v*
annehmen

Non lo posso proprio **accettare**.

Das kann ich unmöglich annehmen.

anche
['aŋke] *adv*
auch

Con l'hamburger, ci vuole **anche** una coca-cola.

Zum Hamburger brauch' ich auch 'ne Cola.

separare
[sepa'ra:re] *v*
trennen

Tutto ciò che **separa**, può essere superato.

Alles, was trennt, kann überwunden werden.

passare
[pas'sa:re] *v*
reichen, geben

Mi potrebbe **passare** la palla, per cortesia?

Würden Sie mir freundlicherweise den Ball reichen?

GESUNDHEIT!

guarito, -a
sano, -a
[gua'ri:to], ['sa:no, -a] *adj*
gesund

Ci siamo stupiti di come Thomas fosse **guarito** così bene.

Wir waren überrascht, wie gut Thomas gesund wurde.

Während sano einfach „nicht krank" heißt, verwendet man guarito, wenn jemand von einer Krankheit genesen ist.

la **salute**
[sa'lu:te] *n*
die Gesundheit

La **salute** è qualcosa di più della semplice assenza di malattia.

Gesundheit ist mehr als nur die Abwesenheit von Krankheit.

disabile
[di'za:bile] *adj*
behindert

Papà non è **disabile**. È solo seduto su una sedia a rotelle.

Papa ist doch nicht behindert. Er sitzt nur im Rollstuhl.

psichico, -a
['psi:kiko] *adj*
geistig, psychisch

A livello **psichico**, l'ho superato.

Auf geistiger Ebene habe ich das längst verarbeitet.

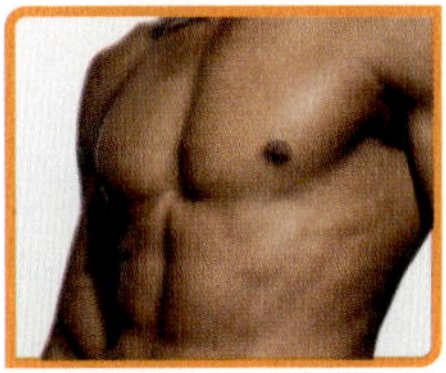

fisico, -a
['fi:ziko, -a] *adj*
körperlich

Non gli manca certo la presenza **fisica**.

An körperlicher Präsenz fehlt es ihm wirklich nicht.

sentirsi
[sen'tirsi] *v*
sich fühlen

Mi sento bene, nonostante il raffreddore da fieno!

Ich fühl' mich gut, trotz Heuschnupfen!

il dolore
[do'lo:re] *n*
der Schmerz

Non c'è nessun rimedio per questo **dolore**.

Gegen diesen Schmerz ist kein Kraut gewachsen.

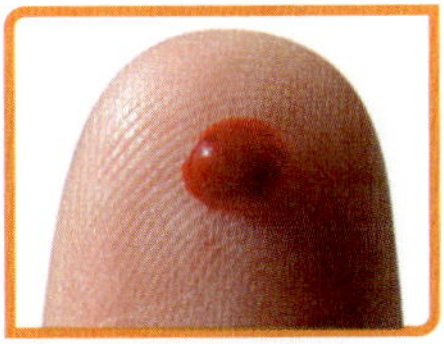

ferirsi
[fe'rirsi] *v*
sich verletzen

Chiama il medico, **mi sono ferito**!

Ruf den Notarzt, ich habe mich verletzt!

fare male
['fa:re 'ma:le] *v*
wehtun, schmerzen

La gamba mi **faceva** davvero **male**, ma quello mi ha completamente ignorato.

Mein Bein tat richtig weh, aber er hat mich gar nicht beachtet.

stare bene
['sta:re 'bɛ:ne] *v*
gut gehen

Se il bambino **sta bene**, anche la mamma **sta bene**.

Geht's dem Kind gut, geht's auch der Mutter gut.

sanguinare
[saŋgui'na:re] *v*
bluten

Sanguinava meno di quanto pensassi.

Sie blutete dann doch weniger, als ich gedacht hatte.

la **nausea**
['na:uzea] *n*
die Übelkeit

Questo colore mi fa venire la **nausea**.

Diese Farbe erregt bei mir Übelkeit.

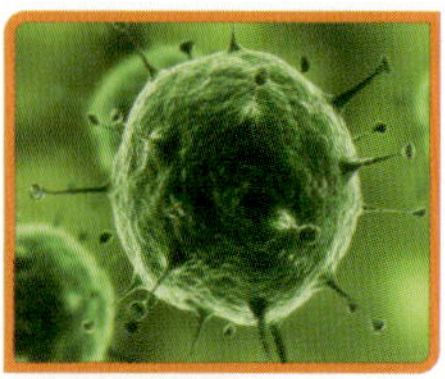

malato, -a
[ma'la:to, -a] *adj*
krank

Questi strani bubboni mi preoccupano. Sarò **malato**?

Diese komischen Auswüchse machen mir Sorgen. Bin ich krank?

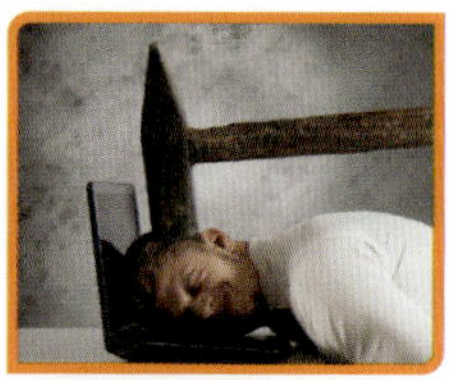

il **mal di testa**
[mal di 'tɛsta] *n*
die Kopfschmerzen

Se solo sapessi da dove viene il mio **mal di testa** ...

Wenn ich nur wüsste, wo meine Kopfschmerzen herkommen ...

soffrire
[sof'fri:re] *v*
leiden

Alexander **soffre** a livelli elevati.

Alexander leidet auf hohem Niveau.

tossire
[tos'si:re] *v*
husten

Ogni volta che voleva fare il fico, gli veniva da **tossire**.

Immer wenn er cool sein wollte, musste er husten.

il **raffreddore**
[raffred'do:re] *n*
die Erkältung

Con un amico del genere è facile prendersi un **raffreddore**.

Bei so einem Freund ist es leicht, sich eine Erkältung zu holen.

sudare
[su'da:re] *v*
schwitzen

Gli altri sono l'inferno. Soprattutto quando **sudano**.

Die Hölle, das sind die anderen. Vor allem, wenn sie schwitzen.

respirare
[respi'ra:re] *v*
atmen

Da quando i bambini vivono da Harry, sono libera di **respirare** di nuovo.

Seit die Kinder bei Harry leben, kann ich wieder frei atmen.

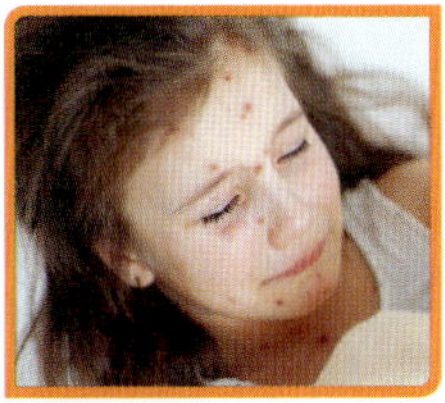

guarire
[gua'ri:re] *v*
gesund werden

Naturalmente **guarirai** – prima o poi.

Natürlich wirst du wieder gesund – irgendwann.

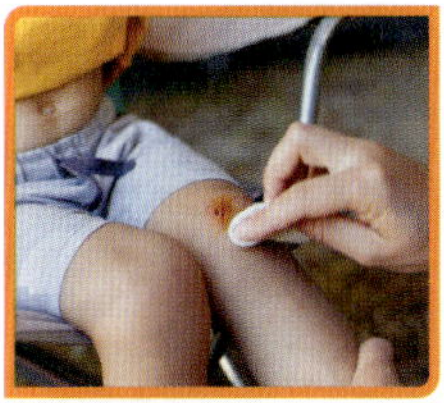

la **ferita**
[fe'ri:ta] *n*
die Wunde

Lasciami stare, mamma, è solo una piccola **ferita**.

Lass mich, Mama, es ist nur eine kleine Wunde.

lo **shock**
[ʃɔk] *n*
der Schock

È stato uno **shock** quando all'improvviso ha acceso la luce.

Ich bekam einen Schock, als er plötzlich das Licht anmachte.

il **respiro**
[res'pi:ro] *n*
der Atem

la **tosse**
['tosse] *n*
der Husten

la **febbre**
['fɛbbre] *n*
das Fieber

il **sudore**
[su'do:re] *n*
der Schweiß

svenire
[zve'ni:re] *v*
in Ohnmacht fallen

Sviene ogni volta che si tratta di soldi.

Jedes Mal, wenn es um Geld geht, fällt sie in Ohnmacht.

Bei manchen Berufsbezeichnungen, z. B. medico und architetto, ist die weibliche Form nicht gebräuchlich, sondern man verwendet auch für Frauen die männliche Form.

il medico
['mɛ:diko] *n*
der Arzt, die Ärztin

Il **medico** dell'orsacchiotto è una vera specialista.

Teddys Ärztin ist eine echte Spezialistin.

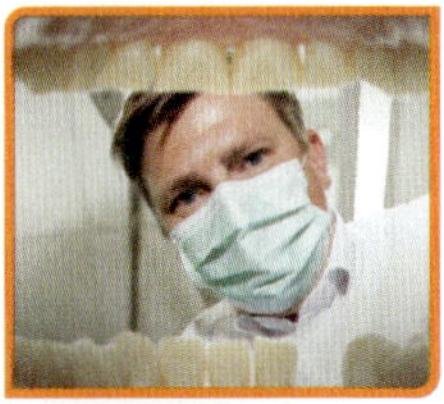

il/la dentista
[den'tista] *n*
der Zahnarzt, die Zahnärztin

Perfino la mia lingua si è contratta quando ha visto il **dentista**.

Sogar meine Zunge verkrampfte sich, als sie den Zahnarzt sah.

... Sì sì, però nell'altra **farmacia** c'erano più provette.

la farmacia
[farma'tʃi:a] *n*
die Apotheke

... Ja, ja, aber in der anderen Apotheke gab's mehr Pröbchen.

medico, -a
['mɛ:diko, -a] *adj*
medizinisch

la cura
['ku:ra] *n*
die Behandlung

la ricetta
[ri'tʃɛtta] *n*
das Rezept

visitare
[vizi'ta:re] *v*
untersuchen

la visita
['vi:zita] *n*
die Untersuchung

Le assicuro che, questa **visita** è assolutamente innocua … per me.

Seien Sie versichert, diese Untersuchung ist völlig ungefährlich … für mich.

il medicinale
[meditʃi'na:le] *n*
das Medikament

Oggi vorrei provare un altro **medicinale**.

Heute möchte ich mal ein anderes Medikament ausprobieren.

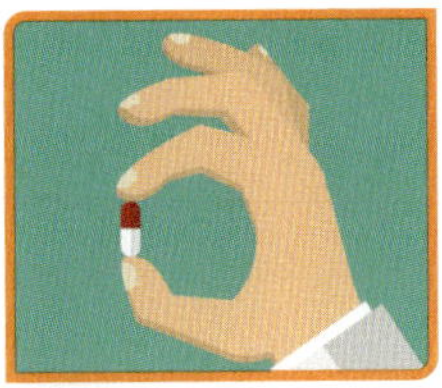

per
[per] *prep*
für

La metà rossa è **per** lo stomaco, quella bianca **per** l'intestino.

Die rote Hälfte ist für den Magen, die weiße für den Darm.

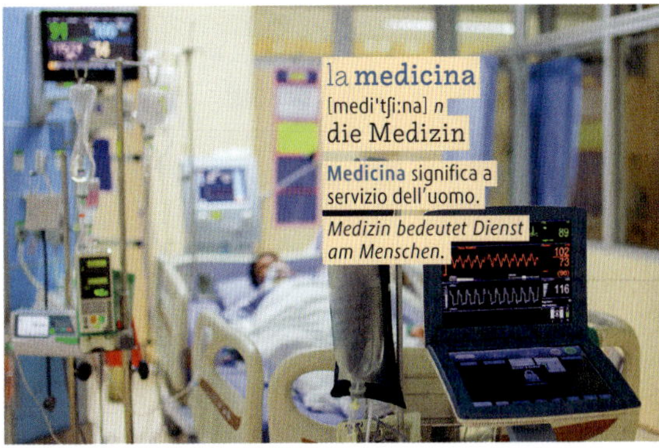

la medicina
[medi'tʃi:na] *n*
die Medizin

Medicina significa a servizio dell'uomo.

Medizin bedeutet Dienst am Menschen.

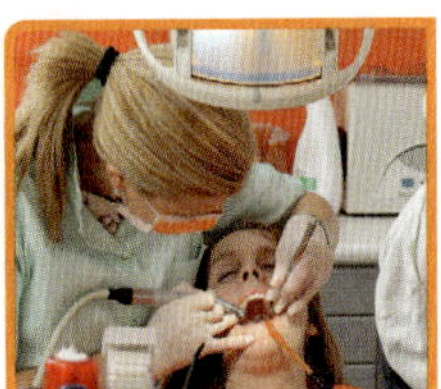

curare
[ku'ra:re] *v*
behandeln

Si sentiva **curata** bene.

Sie fühlte sich gut behandelt.

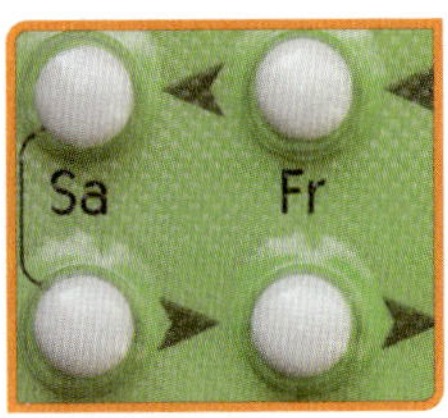

la pillola
['pillola] *n*
die Pille

Oh no! Ho dimenticato di prendere la **pillola**!

Oh nein! Ich habe die Pille vergessen!

prescrivere
[pres'kri:vere] *v*
verschreiben

Le posso **prescrivere** un rimedio favoloso.

Ich kann Ihnen da ein fantastisches Mittel verschreiben.

il/la **paziente**
[pa'tsjɛnte] *n*
der Patient, die Patientin

Un medico deve avere un rapporto stretto con i suoi **pazienti**.

Ein Arzt braucht ein enges Verhältnis zu seinen Patienten.

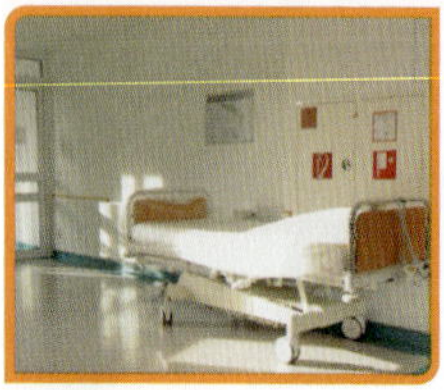

l'**ospedale**
[ospe'da:le] *n m*
das Krankenhaus

All'**ospedale** si è appena liberato un letto.

Im Krankenhaus ist gerade ein Bett frei geworden.

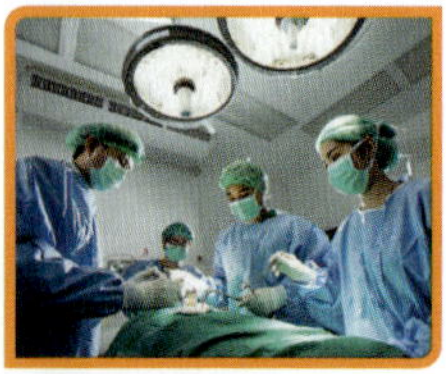

l'**operazione**
[opera'tsjo:ne] *n f*
die Operation

Questa oggi è già la mia terza **operazione**.

Das ist heute schon meine dritte Operation.

l'**ambulatorio**
[ambula'tɔ:rjo] *n m*
die Praxis

Oggi in **ambulatorio** dovrà calcolare tempi di attesa più lunghi.

Bitte rechnen Sie heute mit längeren Wartezeiten in der Praxis.

pericoloso, -a
[periko'lo:so, -a] *adj*
gefährlich

Poco fa la pista non sembrava per niente **pericolosa**.

Gerade eben sah die Piste noch überhaupt nicht gefährlich aus.

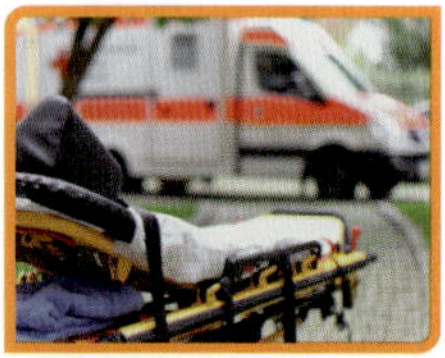

l'**ambulanza**
[ambu'lantsa] *n f*
der Krankenwagen

Quest'**ambulanza** ha anche la wireless?

Hat dieser Krankenwagen auch WLAN?

salvare
[sal'va:re] *v*
retten

Era solo uno scherzo, ti **salvo** subito.

War nur ein Spaß. Ich rette dich ja gleich.

l'infermiera
[infer'mjɛːra] *n f*
die Krankenschwester

Davvero? L'**infermiera** eredita tutto?

Wirklich? Die Krankenschwester erbt alles?

l'allarme
[al'larme] *n m*
der Alarm

In caso di **allarme**, è necessario evacuare tutto l'ospedale.

Bei Alarm muss das ganze Krankenhaus evakuiert werden.

l'infermiere
[infer'mjɛːre] *n m*
der Krankenpfleger

... e l'**infermiere** non eredita niente?

... Und der Krankenpfleger erbt nichts?

il numero di emergenza
['nuːmero di emer'dʒɛntsa] *n*
die Notrufnummer

Chiami il **numero di emergenza**, e allora veniamo.

Wählen Sie die Notrufnummer, dann kommen wir auch.

chiamare aiuto
[kja'maːre a'juːto] *phrase*
um Hilfe rufen

Chiama aiuto, papà!

Ruf doch um Hilfe, Papa!

il pericolo
[pe'riːkolo] *n*
die Gefahr

la clinica
['kliːnika] *n*
die Klinik

operare
[ope'raːre] *v*
operieren

Aiuto!
[a'juːto] *interj*
Hilfe!

KLEIDUNG

i **vestiti**
[ves'ti:ti] *n pl*
die Kleidung,
die Kleider

In un modo o nell'altro siamo tutti nudi nei nostri **vestiti**.

Irgendwie stecken wir doch alle sehr nackt in unseren Kleidern.

il **vestito**
[ves'ti:to] *n*
das Kleid

la **camicia**
[ka'mi:tʃa] *n*
die Bluse,
das Hemd

i **pantaloni**
[panta'lo:ni] *n pl*
die Hose

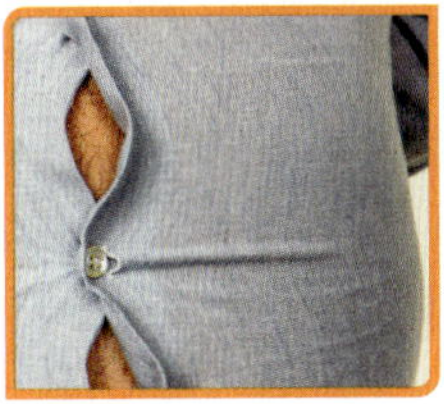

la taglia
['taʎʎa] *n*
die (Kleider)Größe

Perfetto, signore, è proprio la sua **taglia**!

Wunderbar, mein Herr, genau Ihre Größe!

provare
[pro'vaːre] *v*
anprobieren

Prova un po' questo cappello …

Probier mal diesen Hut an …

andare bene
[an'daːre 'bɛːne] *v*
passen

Fra un po' di anni le scarpe ti **andranno bene** …

In ein paar Jahren passen die Schuhe …

la **gonna**
['gɔnna] *n*
der Rock

Con questa **gonna** ho volato sopra l'Atlantico.

In diesem Rock bin ich über den Atlantik geflogen.

l'**abito**
['a:bito] *n m*
der Anzug

Lui è affascinante, ma l'**abito** è preso a noleggio.

Charmant ist er ja, aber der Anzug ist aus dem Leihhaus.

il **cappello**
[kap'pɛllo] *n*
der Hut

O questo **cappello** o niente!

Den Hut will ich, und sonst keinen!

il **cappotto**
[kap'pɔtto] *n*
der Mantel

Senza **cappotto** la mia Coccolina morirebbe di freddo.

Ohne Mantel würde meine Püppi doch so schrecklich frieren.

il **guanto**
['guanto] *n*
der Handschuh

Con questi **guanti**, la pulizia è un vero e proprio divertimento.

Mit solchen Handschuhen ist Putzen das reine Vergnügen.

l'**ombrello**
[om'brɛllo] *n m*
der Regenschirm

Davvero hai rubato l'**ombrello** a quello?

Du hast den Regenschirm wirklich dem Typ da geklaut?

gli **occhiali**
[ok'kja:li] *n pl*
die Brille

Ehi, non mi servono proprio gli **occhiali**!

Hey, ich brauch' ja gar keine Brille!

l'**orecchino**
[orek'ki:no] *n m*
der Ohrring

Al monte dei pegni mi danno 50 euro per questi **orecchini**!

Beim Pfandleiher kriege ich 50 Euro für die Ohrringe!

la **collana**
[kol'la:na] *n*
die Halskette

La **collana** è tua e tu sei mia.

Die Halskette ist dein, und du bist mein.

le mutande
['mu'tande] n pl
der Slip
cambiarsi
[kam'bjarsi] v
sich umziehen
Quanto tempo ti serve per cambiarti?
Wie lange brauchst du eigentlich, um dich umzuziehen?
il maglione
[maʎ'ʎo:ne] n
der Pullover
la scarpa
['skarpa] n
der Schuh
il calzino
[kal'tsi:no] n
die Socke
la camicia
[ka'mi:tʃa] n
die Bluse

stretto, -a
['stretto, -a] *adj*
eng

Con indumenti così **stretti** è impossibile vincere.

In so enger Kleidung ist es unmöglich zu gewinnen.

largo, -a
['largo, -a] *adj*
weit

Ballare con dei pantaloni **larghi** è ancora più divertente.

In weiten Hosen zu tanzen macht doppelt Spaß.

corto, -a
['korto, -a] *adj*
kurz

Una gonna **corta** attira lo sguardo.

Ein kurzer Rock zieht den Bick auf sich.

mettersi
['mettersi] *v*
anziehen

togliersi
['tɔʎʎersi] *v*
ausziehen

Jacke ausziehen. Jacke anziehen. Kannst du dich endlich mal entscheiden?

lungo, -a
['luŋgo, -a] *adj*
lang

Il vestito era **lungo**, il matrimonio è stato corto.

Das Kleid war lang, die Ehe kurz.

vestirsi
[ves'tirsi] *v*
sich anziehen

spogliarsi
[spoʎ'ʎarsi] *v*
sich ausziehen

gli **occhiali da sole**
[ok'kja:li da 'so:le] *n pl*
die Sonnenbrille

il **bikini**
[bi'ki:ni] *n*
der Bikini

la **qualità**
[kuali'ta] *n*
die Qualität

Il mio sarto per costumi da bagno offre solo ottima **qualità**.

Mein Badeanzug-Schneider liefert nur beste Qualität.

il **costume da bagno**
[kos'tu:me da 'baɲɲo] *n*
der Badeanzug

il **costume da bagno**
[kos'tu:me da 'baɲɲo] *n*
die Badehose

portare
[por'ta:re] *v*
tragen, anhaben

Si può **portare** l'arancione a ogni età.

Orange kann man in jedem Alter tragen.

il **pigiama**
[pi'dʒa:ma] *n*
der Schlafanzug

Portami il **pigiama**, Xerxes!

Bring mir meinen Pyjama, Xerxes!

la **camicia da notte**
[ka'mi:tʃa da 'nɔtte] *n*
das Nachthemd

Non posso mica ricevere il duca in **camicia da notte**.

Ich kann den Herzog doch nicht im Nachthemd empfangen.

DIE ANDEREN

gli altri
['altri] *n pl*
die anderen

Non è colpa mia! Sono stati **gli altri**.

Ich kann nichts dafür! Das waren die anderen.

la **nonna**
['nɔnna] *n*
die Großmutter
il **padre**
['padre] *n*
der Vater
la **figlia**
['fiʎʎa] *n*
die Tochter
il **figlio**
['fiʎʎo] *n*
der Sohn
la **famiglia**
[fa'miʎʎa] *n*
die Familie
Quando fioriscono i ciliegi, giochiamo sempre alla "**famiglia** felice".
Zur Kirschblüte spielen wir immer „glückliche Familie".

il **nonno**
['nɔnno] *n*
der Großvater

la **madre**
['madre] *n*
die Mutter

la **sorella**
[so'rɛlla] *n*
die Schwester

Mia **sorella** e una stupida spia.

Meine Schwester ist 'ne blöde Petze.

il **fratello**
[fra'tɛllo] *n*
der Bruder

Dite un po', siete **fratelli**?

Sagt mal, seid ihr Brüder?

la **mamma**
['mamma] *n*
die Mama

il **papà**
[pa'pa] *n*
der Papa

i **nonni**
['nɔnni] *n pl*
die Großeltern

i **fratelli**
[fra'tɛlli] *n pl*
die Geschwister

i genitori
[dʒeni'to:ri] *n pl*
die Eltern

Tutti gli anni i miei **genitori** ci trascinano in vacanza sul Mare del Nord.

Jedes Jahr schleppen meine Eltern uns in die Ferien an die Nordsee.

la zia
['tsi:a] *n*
die Tante

Nostra **zia** insisteva per un bacino.

Unsere Tante bestand auf einem Küsschen.

lo zio
['tsi:o] *n*
der Onkel

Tuo **zio** pensa di essere un bravo artigiano, vero?

Dein Onkel hält sich für einen großen Handwerker, was?

il cugino, la cugina
[ku'dʒi:no, ku'dʒi:na] *n*
der Cousin, die Cousine

Cugino, la papera rimane fuori!

Cousin, die Ente bleibt draußen!

la moglie
['moʎʎe] *n*
die Ehefrau

Chi ha una **moglie** del genere, non ha bisogno di un'amante.

Wer so eine Ehefrau hat, braucht keine Geliebte.

il marito
[ma'ri:to] *n*
der Ehemann

Un bravo **marito** è il sogno di ogni suocera.

Ein braver Ehemann ist der Traum jeder Schwiegermutter.

la coppia
['kɔppja] *n*
das Paar

Che bella **coppia**!

Was für ein schönes Paar!

sposato, -a
[spo'za:to, -a] *adj*
verheiratet

Be', guarda un po': da 52 anni felicemente **sposato**.

Gell, da schaust du: seit 52 Jahren glücklich verheiratet.

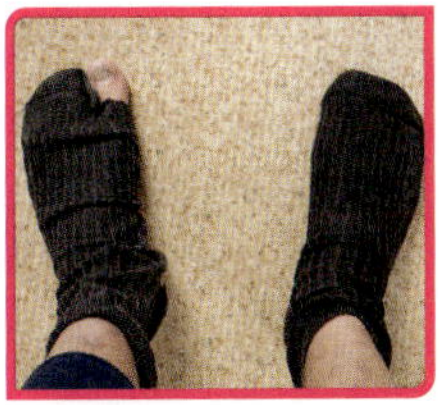

celibe, nubile
['tʃɛ:libe], ['nu:bile] *adj*
ledig

Finché rimango **celibe**, i miei piedi ricevono aria a sufficienza.

Solange ich ledig bleibe, bekommen meine Füße genügend Luft.

„Ledig" in Bezug auf einen Mann heißt im Italienischen celibe, bei Frauen sagt man nubile.

sposare
[spo'za:re] *v*
heiraten

Perché dovrei **sposare** un principe se posso avere te?

Was soll ich einen Prinzen heiraten, wenn ich dich haben kann?

il **matrimonio**
[matri'mɔ:njo] *n*
die Hochzeit, die Ehe

l'amore
[a'mo:re] *n m*
die Liebe

La freccia dell'**amore** colpisce alla cieca.

Blindlings trifft der Liebe Pfeil.

convivere
[kon'vi:vere] *v*
zusammenleben

Con voi è davvero difficile **convivere**.

Mit euch ist es echt schwierig zusammenzuleben.

amare
[a'ma:re] *v*
lieben

In un posto del genere è più facile **amar**ti.

An so einem Ort ist es einfacher, dich zu lieben.

il bacio
['ba:tʃo] *n*
der Kuss

Con un **bacio** così ho già svegliato la Bella addormentata molto tempo fa.

Mit so einem Kuss habe ich damals schon Dornröschen geweckt.

baciare
[ba'tʃa:re] *v*
küssen

Ah, gli umani **baciano** sempre in modo così morbido.

Bah, Menschen küssen immer so weich.

la signora
[siɲ'ɲoːra] *n*
die Frau

Congratulazioni per essere stata eletta Miss, **signora** Fu.

Ich gratuliere zum Gewinn der Miss-Wahl, Frau Fu.

la signorina
[siɲɲo'riːna] *n*
die junge Frau

Signorina, posso permettermi …?

Junge Frau, darf ich's wagen …?

Anders als das deutsche „Fräulein" wird das Wort signorina immer noch verwendet, sowohl als Anrede wie auch als Bezeichnung für junge (und mutmaßlich unverheiratete) Frauen.

il signore
[siɲ'ɲoːre] *n*
der Herr

Così ci rivediamo, **signor** Bond!

So sehen wir uns wieder, Herr Bond!

fedele
[fe'deːle] *adj*
treu

Padrone, mi resterai sempre **fedele**?

Herrchen, wirst du mir immer treu bleiben?

infedele
[infe'deːle] *adj*
untreu

Con me di sicuro ogni donna diventa **infedele** …

Bei mir wird garantiert jede Frau untreu …

odiare
[o'dja:re] *v*
hassen

Odio la minestra di zucca a colazione.

Ich hasse Kürbissuppe zum Frühstück.

l'odio
['ɔ:djo] *n m*
der Hass

L'**odio** va spesso a braccetto con la stupidità.

Hass geht oft mit Dummheit einher.

separarsi
[sepa'rarsi] *v*
sich trennen

Forse è meglio se **ci separiamo** …

Vielleicht sollten wir uns trennen …

la vedova
['ve:dova] *n*
die Witwe

Così giovane e già **vedova**!

So jung und schon Witwe!

il vedovo
['ve:dovo] *n*
der Witwer

Avrei voluto poter rasserenare il vecchio **vedovo**.

Ich wollte, ich könnte den alten Witwer ein wenig aufheitern.

divorziato, -a
[divor'tsja:to, -a] *adj*
geschieden

Da quando sono **divorziato**, i bambini dormono di nuovo tranquilli.

Seit ich geschieden bin, schlafen die Kinder wieder ruhig.

l'amico
[a'miːko] *n m*
der Freund

l'amica
[a'miːka] *n f*
die Freundin

Dopo che tutti i miei **amici** si sono tuffati in acqua, ho avuto finalmente la barca tutta per me.

Nachdem alle meine Freunde ins Wasser gesprungen waren, hatte ich das Boot endlich für mich.

il/la conoscente
[konoʃ'ʃɛnte] *n*
der/die Bekannte

Purtroppo è solo una **conoscente**.

Leider ist sie nur eine flüchtige Bekannte.

l'amicizia
[ami'tʃittsja] *n f*
die Freundschaft

Erwin e Karl-Heinz sono legati da una profonda **amicizia**.

Erwin und Karl-Heinz verbindet eine tiefe Freundschaft.

essere amici
['ɛssere a'miːtʃi] *phrase*
befreundet sein

Siamo amici già dal primo anno di scuola.

Wir sind schon seit der 1. Klasse befreundet.

PERSONALPRONOMEN

io ['i:o] *pron* ich

lei ['lɛ:i] *pron* sie

tu [tu] *pron* du

noi ['no:i] *pron* wir

Lei ['lɛ:i] *pron* Sie

voi ['vo:i] *pron* ihr, Sie

lui ['lu:i] *pron* er

loro, essi ['lo:ro] *pron* sie

personale
[perso'na:le] *adj*
persönlich

Oggi voglio scriverti una lettera **personale**.

Heute möchte ich dir einen persönlichen Brief schreiben.

la **gente**
['dʒɛnte] *n*
die Leute

C'è così tanta **gente**! Andiamo a casa.

So viele Leute! Lass uns nach Hause gehen.

l'**abitante**
[abi'tante] *n m/f*
der Einwohner, die Einwohnerin

La mia città ha semplicemente gli **abitanti** migliori!

Meine Stadt hat einfach die coolsten Einwohner!

il **vicino**, la **vicina**
[vi'tʃi:no, vi'tʃi:na] *n*
der Nachbar, die Nachbarin

Hai visto il nuovo barbecue del **vicino**?

Hast du den neuen Grill vom Nachbarn gesehen?

il **tipo**
['ti:po] *n*
der Kerl, der Typ

Meglio non attaccare briga con quel **tipo**!

Leg dich mit dem Kerl lieber nicht an!

insieme
[in'sjɛ:me] *adv*
zusammen

Suoniamo **insieme**, però sempre soltanto "La Cucaracha".

Wir spielen zusammen, aber immer nur „La Cucaracha".

incontrarsi
[iŋkon'trarsi] *v*
sich treffen

Anche Lei è di Colonia? E **ci incontriamo** qui a Sydney?

Auch aus Köln? Und dann treffen wir uns hier in Sydney?

l'incontro

[iŋ'kontro] *n m*

das Treffen, die Begegnung

Non mi ricordo più niente dell'**incontro**.

An das Treffen habe ich gar keine Erinnerung mehr.

la riunione

[riu'njo:ne] *n*

die Versammlung

Vi do il benvenuto alla **riunione** ordinaria dell'associazione di allevatori di conigli.

Ich begrüße Sie zur ordentlichen Versammlung des Kaninchenzüchter-Vereins.

invitare

[invi'ta:re] *v*

einladen

Sara **invita** di nuovo Tizio e Caio.

Sara lädt schon wieder Hinz und Kunz ein.

andare a trovare

[an'da:re a tro'va:re] *phrase*

besuchen

Tre volte a settimana **vado a trovare** il mio Eduard.

Dreimal die Woche besuche ich meinen Eduard.

l'ospite

['ɔspite] *n m*

der Gast

Gli **ospiti** erano davvero imbarazzanti!

Die Gäste waren mehr als peinlich!

POSSESSIVPRONOMEN

mio, -a ['mi:o, -a] *pron* mein(e)

tuo, -a ['tu:o, -a] *pron* dein(e)

suo, -a ['su:o, -a] *pron* sein(e), ihr(e), Ihr(e)

nostro, -a ['nɔstro, -a] *pron* unser(e)

vostro, -a ['vɔstro, -a] *pron* eur(e), Ihr(e)

loro ['lo:ro] *pron* ihr(e)

IM GESPRÄCH

parlare
[par'la:re] *v*
reden, sprechen

Vanessa, rede nicht, während ich spreche!

la **conversazione**
[konversat'tsio:ne] *n*
die Unterhaltung

La **conversazione** è stata simpatica … fino a quando Julia non ha nominato Herbert.

Die Unterhaltung war nett … bis Julia Herbert erwähnte.

raccontare
[rakkon'ta:re] *v*
erzählen

dire
['di:re] *v*
sagen

Il corvo **raccontava** del suo film con Hitchcock. La mucca non **diceva** niente.

Der Rabe erzählte von seinem Film mit Hitchcock. Die Kuh sagte nichts.

il **discorso**
[dis'korso] *n*
die Rede

Non appena cominci il **discorso**, la paura se ne va.

Wenn du die Rede erst begonnen hast, legt sich die Angst.

chiamare
[kja'ma:re] *v*
(an)rufen, nennen

Non mi **chiamare** idiota e non mi **chiamare** più!

Nenn mich nicht Idiot und ruf mich nicht wieder an!

chiamarsi
[kja'marsi] *v*
heißen

Si chiama Susi e vuole solo giocare.

Sie heißt Susi und will nur spielen.

calmo, -a
['kalmo, -a] *adj*
ruhig

La Lazio aveva perso, ma Antonio è rimasto stranamente **calmo**.

Lazio Rom hatte verloren, aber Antonio blieb erstaunlich ruhig.

silenzioso, -a
[silen'tsjo:so, -a] *adj*
still

Quel posto vicino all'acqua era un po' troppo **silenzioso**.

Der Platz am Wasser war ein bisschen zu still.

Il **silenzio** nella stanza dei bambini è splendido ... ma dobbiamo stare **zitti**, altrimenti li svegliamo.

il silenzio
['si'lɛntsjo] *n*
das Schweigen, die Stille

zitto, -a
['tsitto, -a] *adj*
still, leise

Die Stille im Kinderzimmer ist einfach herrlich ... aber wir müssen leise sein, sonst wecken wir sie auf.

il nome
['no:me] *n*
der Name

Qual era il **nome** di questo comico?

Wie war doch gleich der Name von diesem Komiker?

Salve!
['salve] *interj*
Hallo!; Auf Wiedersehen!

"**Salve**" ha detto timidamente.

„Hallo", sagte er schüchtern.

il cognome
[koɲ'ɲo:me] *n*
der Nachname

Molto lieto! Wang è il suo nome o il suo **cognome**?

Sehr erfreut! Ist Wang Ihr Vor- oder Ihr Nachname?

il nome (di battesimo)
[no:me (di bat'te:zimo)] *n*
der Vorname

Perché non basta solo scrivere il **nome di battesimo**?

Warum reicht es nicht, nur den Vornamen hinzuschreiben?

Benvenuto!, Benvenuta!
[bɛnve'nu:to, bɛnve'nu:ta] *interj*
Willkommen!

Benvenuta nel nostro modesto chiosco di minestre!

Willkommen in unserer bescheidenen Nudelsuppenbude!

Molto piacere!
['molto pja'tʃe:re] *interj*
Sehr erfreut!

Lei è il signor Fischer? **Molto piacere**!

Sie sind Herr Fischer? Sehr erfreut!

Buonanotte!
[buɔna'nɔtte] *interj*
Gute Nacht!

Buonanotte, mamma e papà. E non abbiate paura, ci sono io qui.

Gute Nacht, Mama und Papa. Und habt keine Angst, ich bin ja da.

Ci vediamo!
['tʃi ve'dja:mo] *interj*
Bis gleich! Bis dann!

Ci vediamo! E riporta l'elicottero in tempo!

Bis dann! Und bring den Hubschrauber rechtzeitig zurück!

Buongiorno!
[buɔn'dʒorno] *interj*
Guten Tag!, Guten Morgen!

Buonasera!
[buɔna'se:ra] *interj*
Guten Abend!

Arrivederci!
[arrive'dertʃi] *interj*
Auf Wiedersehen!

Buongiorno und *buonasera* können auch als Abschiedsgruß verwendet werden.

la risposta
[ris'posta] *n*
die Antwort

Io so la **risposta**!

Ich weiß die Antwort!

Come?
['ko:me] *interj*
Wie bitte?

Come? Credo che la linea sia disturbata.

Wie bitte? Ich denke, die Leitung ist gestört.

la domanda
[do'manda] *n*
die Frage

Ad alcune **domande** è così difficile rispondere.

Manche Fragen sind so schwierig zu beantworten.

pregare
[pre'ga:re] *v*
bitten

Prega per avere la protezione dei suoi antenati.

Sie bittet um den Schutz ihrer Ahnen.

rispondere
[ris'pondere] *v*
antworten

Hansi **risponde** a ogni domanda allo stesso modo.

Hansi antwortet auf jede Frage immer das Gleiche.

o, oppure
[o], [op'pu:re] *conj*
oder

Ehi, senti un po' – lei **o** io!

Hey, hör mal – sie oder ich!

chiedere
['kjɛ:dere] *v*
fragen, bitten, fordern, verlangen

Posso **chiederle** una cosa? Cosa fa dopo la lezione?

Darf ich Sie etwas fragen? Was machen Sie nach dem Unterricht?

di nuovo
[di 'nuɔ:vo] *adv*
wieder, noch einmal

Suona **di nuovo** Sam. Ma adesso con il ritmo giusto.

Spiel's noch einmal, Sam. Aber diesmal im richtigen Rhythmus.

e
[e] *conj*
und

Il signor Pepe **e** la signora Sale si sono trovati subito simpatici.

Herr Pfeffer und Frau Salz waren sich auf Anhieb sympathisch.

sì
[si] *adv*
ja, doch

Sì, lo voglio, te lo potevi immaginare con questo vestito.

Ja, ich will – hättest du dir ja denken können, bei dem Kleid.

non
[non] *adv*
nicht

Non l'ho ordinato e **non** lo trovo divertente.

Ich habe das nicht bestellt, und ich finde das überhaupt nicht komisch.

no
[nɔ] *adv*
nein, nicht

Tutto quello che sai dire, è sempre solo **no**!

Alles, was du sagen kannst, ist immer nur nein!

„Nein sagen" übersetzt man mit dire di no; „(eine Frage) verneinen" heißt rispondere di no (a una domanda).

Grazie!
['grattsje] *interj*
Danke (schön)!

Danke ... so eine schöne Lupe!

Di niente!
[di 'njɛnte] *interj*
Keine Ursache!

Keine Ursache! Und wenn du sie mal nicht brauchst, kannst du sie mir ausleihen ...?

per favore
[per fa'vo:re] *interj*
bitte

Un'altra vodka **per favore**!

Noch einen Wodka bitte!

volere
[vo'le:re] *v*
wollen

Papà, **voglio** un pony. Per favore!!!!!!

Papa, ich will ein Pony. Biiiiiiiitteeeee!

esigere
[e'zi:dʒere] *v*
fordern, verlangen

Esigiamo più tempo per le dimostrazioni.

Wir fordern mehr Zeit fürs Demonstrieren.

promettere
[pro'mettere] v
versprechen

Te lo **prometto**, domani compro un'auto nuova.

Ich verspreche dir, morgen kaufe ich ein neues Auto.

il permesso
[per'messo] n
die Erlaubnis

È stato concesso il **permesso** di entrare nel bagno delle donne.

Die Erlaubnis zum Betreten der Damentoilette wurde erteilt.

l'ordine
['ordine] n m
der Befehl

Non si discute sui miei **ordini**!

Über meine Befehle wird nicht diskutiert!

potere
[po'te:re] v
dürfen

In estate finalmente **posso** di nuovo bere E fumare.

Im Sommer darf ich endlich wieder trinken UND rauchen.

permettere
[per'mettere] v
erlauben, gestatten

I miei tesori mi **permettono** di tanto in tanto di sedermi accanto a loro.

Meine Lieblinge erlauben mir ab und zu, mich zu ihnen zu setzen.

la richiesta
[ri'kjɛsta] n
die Forderung

ordinare
[ordi'na:re] v
befehlen, anordnen

la promessa
[pro'messa] n
das Versprechen

la volontà
[volon'ta] n
der Wille

vietare
[vje'ta:re] v
verbieten, untersagen

Figlio mio, ti **ho vietato** questo sito!

Mein Sohn, diese Website hab' ich dir verboten!

il divieto
[di'vjɛ:to] n
das Verbot

Un **divieto** per Karl è semplicemente uno stimolo in più.

Ein Verbot ist für Karl nur ein zusätzlicher Anreiz.

ARGUMENTE

discutere
[dis'ku:tere] *v*
diskutieren, sich streiten

Müssen wir das jetzt hier vor allen diskutieren?

l'opinione
[opi'njo:ne] *n f*
die Meinung

Riguardo a questo, non ho assolutamente nessuna **opinione** …

Dazu hab' ich absolut keine Meinung …

esprimere
[es'pri:mere] *v*
ausdrücken

La musica è il mio modo di **esprimermi**.

Musik ist meine Art, mich auszudrücken.

la discussione
[diskus'sjo:ne] *n*
die Diskussion, die Auseinandersetzung

Vuole davvero cacciarsi in una **discussione** con me?

Wollen Sie sich wirklich auf eine Diskussion mit mir einlassen?

supporre
[sup'porre] *v*
annehmen, vermuten

Suppongo che scriva al suo ex-marito …

Ich nehme an, Sie schreiben Ihrem Ex-Mann …

convincere
[kon'vintʃere] *v*
überzeugen

Madame, lei sa davvero **convincere**!

Madame, Sie können wirklich überzeugen!

sembrare
[sem'bra:re] *v*
scheinen

Quando ero piccolo, tutto **sembrava** essere incredibilmente grande.

Als ich klein war, schien alles unendlich groß zu sein.

consigliare
[konsiʎ'ʎa:re] *v*
raten

Posso solo **consigliarle** di cambiare consulente.

Ich kann Ihnen nur raten, Ihren Berater zu wechseln.

diverso, -a
[di'vɛrso, -a] *adj*
verschieden

uguale
[u'gua:le] *adj*
gleich

I colori sono ***diversi****, il peso è* ***uguale****.*

Die Farben sind verschieden, das Gewicht ist gleich.

tollerare
[tolle'ra:re] *v*
tolerieren, hinnehmen

Da noi **tolleriamo** anche le pecore nere.

Wir tolerieren bei uns auch schwarze Schafe.

suggerire
[suddʒe'ri:re] *v*
empfehlen

In primavera ti posso **suggerire** il Tagikistan.

Tadschikistan im Frühling kann ich wirklich empfehlen.

proporre
[pro'porre] *v*
vorschlagen

In realtà vi dovrei **proporre** un altro ristorante.

Eigentlich müsste ich Ihnen ein anderes Restaurant vorschlagen.

approvare
[appro'va:re] *v*
zustimmen

Se tutti **approvano**, avrete un "like" anche da parte mia.

Wenn alle zustimmen, bekommt ihr von mir auch ein „Like".

preferire
[prefe'ri:re] *v*
vorziehen, bevorzugen

Preferirei blu, ma non va bene durante la partita del Bayern.

Ich würde blau vorziehen, aber beim Bayern-Spiel geht das nicht.

il **contrario**
[kon'tra:rjo] *n*
das Gegenteil

La tradizione è davvero il **contrario** della modernità?

Ist Tradition wirklich das Gegenteil von Moderne?

avere torto
[a'veːre 'tɔrto] *phrase*
unrecht haben, sich geirrt haben

OK, ich hatte unrecht. Das ist nicht dein Stil.

avere ragione
[a'veːre ra'dʒoːne] *phrase*
recht haben

Hai ragione: sono stati i tedeschi!

Du hast recht: Es waren die Deutschen!

il **motivo**
[mo'tiːvo] *n*
der Grund

Ho bisogno di una nuova poltrona. Il **motivo**: il mio cane!

Ich brauche einen neuen Sessel. Der Grund – mein Hund!

la **differenza**
[diffe'rɛntsa] *n*
der Unterschied

il **suggerimento**
[suddʒeri'mento] *n*
die Empfehlung

la **proposta**
[pro'posta] *n*
der Vorschlag

l'**accordo**
[ak'kɔrdo] *n m*
die Einigung

aiutare
[aju'ta:re] *v*
helfen

Magari potresti **aiutar**mi un po'!

Vielleicht könntest du auch ein bisschen helfen!

evidente
[evi'dɛnte] *adj*
offensichtlich

Ti piace la cioccolata sul pane, è **evidente**!

Du magst Schoko aufs Brot, das ist offensichtlich!

Va bene!
[va 'bɛ:ne] *interj*
In Ordnung!

Il melone è un po' di più, va bene? – **Va bene!**

Darf's ein bisschen mehr Melone sein? – In Ordnung!

utile
['u:tile] *adj*
nützlich

Un ombrello piccolo può essere **utile** in molti modi.

So ein kleiner Schirm kann in vielerlei Weise nützlich sein.

chiaro, -a
[kja:ro, -a] *adj*
klar

Adesso la questione è **chiara**.

Jetzt ist die Sache klar.

l'appoggio
[ap'pɔddʒo] *n m*
die Unterstützung

Grazie per l'**appoggio**!

Danke für deine Unterstützung.

il favore
[fa'vo:re] *n*
der Gefallen

Mi fai un **favore** e mi spalmi la crema sulla schiena?

Tust du mir den Gefallen und schmierst mir den Rücken ein?

esattamente
[ezatta'mente] *adv*
genau

Fai **esattamente** quello che ti dico e centrerai il giallo.

Tu genau, was ich dir sage, dann triffst du ins Gelbe.

importante
[impor'tante] *adj*
wichtig

Tu dici, mamma, che il casco è **importante**, ma tu non lo porti.

Du sagst, der Helm ist wichtig, Mama, aber selber trägst du keinen.

cioè
[tʃo'ɛ] *adv*
das heißt

Ci sono nuove misure di risparmio, **cioè** basta con la carta igienica.

Es gibt neue Sparmaßnahmen, das heißt: kein Klopapier mehr.

criticare
[kriti'ka:re] *v*
kritisieren

Guardare con attenzione non significa necessariamente **criticare**.

Genau hinsehen bedeutet nicht gleich kritisieren.

per esempio
[per e'zɛmpjo] *adv*
zum Beispiel

Questa scena **per esempio** sembra proprio artificiale.

Diese Szene zum Beispiel wirkt total künstlich.

inutile
[i'nu:tile] *adj*
zwecklos, nutzlos

È **inutile** aspettare, oggi non passa più nessun treno.

Es ist zwecklos zu warten. Heute kommt kein Zug mehr.

l'aiuto
[a'ju:to] *n m*
die Hilfe

l'intenzione
[inten'tsjo:ne] *n f*
die Absicht

la critica
['kri:tika] *n*
die Kritik

l'importanza
[impor'tantsa] *n f*
die Bedeutung

contro
['kontro] *prep*
gegen

Ho qualcosa **contro** le zanzare!

Ich hab' was gegen Mücken!

arrabbiato, -a
[arrab'bja:to, -a] *adj*
sauer, ärgerlich

Quando torni dal lavoro sei sempre **arrabbiato**.

Wenn du von der Arbeit kommst, bist du immer sauer.

la **rabbia**
['rabbja] *n*
die Wut

Era orgoglioso e bello nella sua **rabbia**.

Er wirkte stolz und schön in seiner Wut.

arrabbiarsi
[arrab'bjarsi] *v*
sich aufregen

Per favore, non **si arrabbi**, non lo so proprio.

Bitte, regen Sie sich nicht auf, ich weiß es einfach nicht.

litigare
[liti'ga:re] *v*
streiten

Non **litighiamo**, i fiori son costosi.

Lass uns nicht streiten, die Blumen waren teuer.

furioso, -a
[fu'rio:so, -a] *adj*
wütend

Quando Harry diventa **furioso**, ottiene ciò che vuole.

Wenn Harry wütend wird, bekommt er, was er will.

disturbare
[distur'ba:re] *v*
stören

Si prega di non **disturbare**!

Bitte nicht stören!

lamentarsi
[lamen'tarsi] *v*
sich beschweren, sich beklagen

Lamentati con l'officina, ma lascia l'auto intera.

Beschwer' dich bei der Werkstatt aber lass' den Wagen heil.

perché
[per'ke] *conj*
weil; warum

Ti faccio il solletico **perché** sei di nuovo senza calzini.

Du wirst gekitzelt, weil du schon wieder keine Socken anhast.

se
[se] *conj*
wenn, falls, ob

Se fossi saltato un po' più in alto, lo avresti preso.

Wenn du etwas höher gesprungen wärst, hättest du ihn gekriegt.

per
[per] *prep*
um ... zu

Per scendere, devi premere il pulsante.

Um auszusteigen, musst du den Knopf drücken.

la **lite**
['li:te] *n*
der Streit

È una **lite** fra uomini.

Das ist ein Streit unter Männern.

Vorrebbe ...?
[vor'rεbbe] *phrase*
Möchten Sie ...?

Come sta?
['ko:me sta] *phrase*
Wie geht es Ihnen?

Bene, grazie!
['bɛ:ne 'grattsje] *phrase*
Danke, gut!

Avanti!
[a'vanti] *interj*
Herein!

Si serva!
[si 'sɛrva] *phrase*
Bedienen Sie sich!

Sì, grazie!
[si 'grattsje] *phrase*
Ja, gern!; Ja, bitte!

Scusa!
['sku:za] *phrase*
Entschuldigung!

Cosa succede?
['kɔ:za sut'tʃɛ:de] *phrase*
Was ist los?

Ciao!
[tʃa:o] *interj*
Hallo!; Tschüss!

Lo spero!
[lo 'spɛ:ro] *phrase*
Ich hoffe es!

Spero di no!
['spɛ:ro di nɔ] *phrase*
Hoffentlich nicht!

Desidera?
[de'si:dera] *phrase*
Sie wünschen?

Ecco!
['ɛkko] *interj*
Hier!

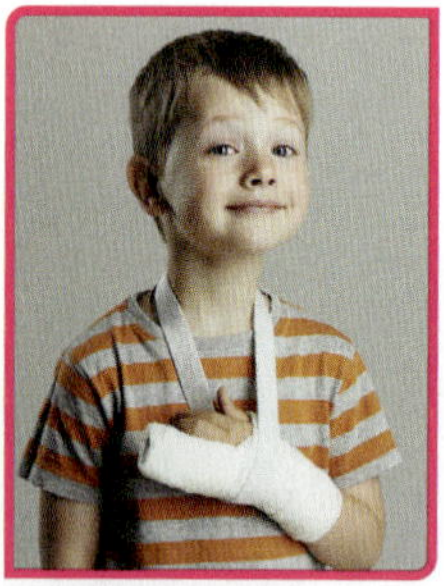

Non importa!
[non im'pɔrta] *phrase*
Das macht nichts!

Che peccato!
[ke pek'ka:to] *phrase*
Wie schade!

Che peccato, avevo appena pagato l'ultima rata …

Wie schade, ich hatte gerade erst die letzte Rate bezahlt …

Si accomodi!
[si ak'kɔ:modi] *phrase*
Nehmen Sie doch Platz!

Si accomodi, mia moglie arriva subito.

Nehmen Sie doch Platz, meine Frau kommt auch gleich.

Tutto bene!
['tutto 'bɛ:ne] *phrase*
Alles klar!

Tutto bene, tiro subito la fune per l'apertura!

Alles klar, gleich ziehe ich die Reißleine!

Non c'è problema!
[non tʃɛ pro'blɛ:ma] *phrase*
Kein Problem!

Non c'è problema, sono caduta solo due volte!

Kein Problem, ich bin erst zweimal runtergefallen.

Molto piacere!
['molto pja'tʃe:re] *phrase*
Sehr erfreut!

Molto piacere di conoscerla, conte Erdmann!

Sehr erfreut, Sie kennenzulernen, Graf Erdmann!

No, grazie.
[nɔ 'grattsje] *phrase*
Nein, danke.

No, grazie, non mi serve nessuna assicurazione sulla vita.

Nein, danke, ich brauche keine Lebensversicherung.

Vorrei ...
[vor'rɛ:i] *phrase*
ich möchte ..., ich hätte gerne ...

Vorrei quello a sinistra ...

Ich möchte das linke ...

lo **stato**
['sta:to] *n*
der Staat

Ogni **stato** deve avere la sua bandiera.

Jeder Staat braucht seine eigene Flagge.

la **bandiera**
[ban'djɛ:ra] *n*
die Fahne, die Flagge

Tante piccole **bandiere** salutano gli ospiti sventolando.

Die vielen kleinen Fahnen begrüßen flatternd die Gäste.

il **paese**
[pa'e:ze] *n*
das Land

In questo **paese** vivevano degli esseri umani già più di 1500 anni fa.

In diesem Land lebten schon vor über 1500 Jahren Menschen.

lo **straniero**, la **straniera**
[stra'njɛ:ro, stra'njɛ:ra] *n*
der Ausländer, die Ausländerin

Stranieri alla ricerca di animali selvaggi.

Ausländer auf der Suche nach wilden Tieren.

internazionale
[internatsjo'na:le] *adj*
international

Dobbiamo fare una deviazione su un collegamento **internazionale**.

Wir müssen Sie über eine internationale Verbindung umleiten.

nazionale
[natsjo'na:le] *adj*
national, National-

Quando gioca la squadra **nazionale**, posso diventare molto rumoroso.

Wenn die Nationalelf spielt, kann ich sehr laut werden.

la **nazione**
[na'tsjo:ne] *n*
die Nation

la **nazionalità**
[natsjonali'ta] *n*
die Nationalität

straniero, -a
[stra'njɛ:ro, -a] *adj*
ausländisch, fremd

statale
[sta'ta:le] *adj*
staatlich

il **confine**
[kon'fi:ne] *n*
die Grenze

Per marcare il tracciato del **confine**, è stato costruito un muro.

Um den Verlauf der Grenze zu markieren, wurde eine Mauer errichtet.

il governo
[go'vɛrno] *n*
die Regierung

Il **governo** ha stretti legami con la chiesa.

Die Regierung hat enge Verbindungen zur Kirche.

il/la presidente
[presi'dɛnte] *n m/f*
der Präsident, die Präsidentin

I **presidenti** erano impietriti.

Die Präsidenten waren wie versteinert.

Bis vor Kurzem hieß eine Ministerin auch ministro (männliche Form). Im Laufe der Zeit hat sich aber die weibliche Form ministra durchgesetzt.

il ministro, la ministra
[mi'nistro] *n*
der Minister, die Ministerin

45 anni in politica e solo adesso finalmente **ministro**.

45 Jahre in der Politik und erst jetzt endlich Minister.

il parlamento
[parla'mento] *n*
das Parlament

Il **parlamento** non era al completo al momento della votazione.

Das Parlament war bei der Abstimmung nicht vollzählig.

l'opposizione
[oppozi'tsjo:ne] *n f*
die Opposition

L'**opposizione** rimane ferma!

Die Opposition bleibt standhaft!

democratico, -a
[demo'kra:tiko, -a] *adj*
demokratisch

Decidiamo in maniera **democratica**.

Lassen Sie uns das auf demokratische Weise entscheiden.

il **potere**
[po'te:re] *n*
die Macht

Anche senza la sua spada luminosa, esercita un grande **potere**.

Auch ohne sein Lichtschwert übt er große Macht aus.

la **politica**
[po'li:tika] *n*
die Politik

Non so niente di **politica**.

Von Politik hab' ich keine Ahnung.

l'**ambasciata**
[ambaʃ'ʃa:ta] *n f*
die Botschaft

L'**ambasciata** dà il benvenuto ai suoi visitatori.

Die Botschaft heißt ihre Besucher willkommen.

il **partito**
[par'ti:to] *n*
die Partei

Il **partito** ha fatto una festa travolgente.

Die Partei feierte eine rauschende Party.

la **democrazia**
[demokra'tsi:a] *n*
die Demokratie

politico, -a
[po'li:tiko, -a] *adj*
politisch

governare
[gover'na:re] *v*
regieren

il **deputato**, la **deputata**
[depu'ta:to, depu'ta:ta] *n*
der/die Abgeordnete

la **popolazione**
[popola'tsjo:ne] *n*
die Bevölkerung

il **consolato**
[konso'la:to] *n*
das Konsulat

potente
[po'tɛnte] *adj*
mächtig

il/la **leader**
['li:der] *n*
der Chef, die Chefin

reprimere
[re'pri:mere] *v*
unterdrücken

Ha cercato invano di **reprimere** lo starnuto.

Sie versuchte vergeblich, das Niesen zu unterdrücken.

il dittatore
[ditta'to:re] *n*
der Diktator

Questo **dittatore** è uno scherzo.

Dieser Diktator ist ein Witz.

influenzare
[influen'tsa:re] *v*
beeinflussen

Il signor Schmidt sa come **influenzare** le decisioni.

Herr Schmidt weiß, wie man Entscheidungen beeinflusst.

firmare
[fir'ma:re] *v*
unterschreiben

Non ha assolutamente prestato attenzione a ciò che **firmava**.

Sie achtete überhaupt nicht darauf, was sie unterschrieb.

il modulo
['mɔ:dulo] *n*
das Formular

Prima della terapia, deve compilare tutti i **moduli**.

Vor der Behandlung müssen Sie erst alle Formulare ausfüllen.

ufficiale
[uffi'tʃa:le] *adj*
offiziell, amtlich

Adesso è **ufficiale**, l'infermiera eredita tutto.

Jetzt ist es amtlich: Die Krankenschwester erbt alles.

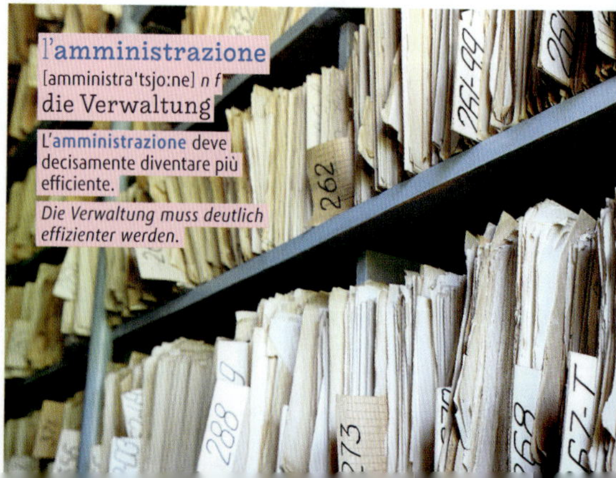

l'amministrazione
[amministra'tsjo:ne] *n f*
die Verwaltung

L'**amministrazione** deve decisamente diventare più efficiente.

Die Verwaltung muss deutlich effizienter werden.

la corona
[ko'ro:na] *n*
die Krone

Questa **corona** è troppo grande per Lei, signor presidente.

Diese Krone ist zu groß für Sie, Herr Vorsitzender.

la storia
['stɔ:rja] *n*
die Geschichte

Nel corso della **storia** la cultura greca si è un po' ridotta.

Im Lauf der Geschichte hat die griechische Kultur ein wenig abgebaut.

la regina
[re'dʒi:na] *n*
die Königin

La **regina** era molto contenta.

Die Königin war sehr erfreut.

il re
[re] *n*
der König

I **re** pensavano già di essersi sbagliati.

Die Könige glaubten schon, sich verirrt zu haben.

sicuro, -a
[si'ku:ro, -a] *adj*
sicher

I tuoi soldi in mano mia sono al **sicuro**.

Dein Geld ist bei mir sicher.

l'imperatore, l'imperatrice
[impera'to:re, impera'tri:tʃe] *n m/f*
der Kaiser, die Kaiserin

la monarchia
[monar'ki:a] *n*
die Monarchie

il regno
['reɲɲo] *n*
das Königreich

Quando la mia cavalleria **avrà conquistato** quell'accampamento, non ci sarà più niente da fare per Lei, signor maresciallo.

conquistare
[koŋkuis'taːre] *v*
erobern

Wenn meine Kavallerie die Geschützstellung dort erobert, können Sie einpacken, Herr Feldmarschall.

il **soldato**
[sol'daːto] *n*
der Soldat, die Soldatin

la **guerra**
['guɛrra] *n*
der Krieg

l'**esercito**
[e'zɛrtʃito] *n m*
die Armee

Un **esercito** di terracotta faceva la guardia alla tomba dell'imperatore.

Eine Armee aus Terrakotta bewachte das Grab des Kaisers.

la **marina militare**
[ma'riːna mili'taːre] *n*
die Marine

La **marina militare** svizzera adesso ha anche un sommergibile.

Die Marine der Schweiz hat jetzt auch ein U-Boot.

l'**aeronautica militare**
[aero'naːutika mili'taːre] *n f*
die Luftwaffe

L'**aeronautica militare** ha sempre bisogno di nuovi candidati.

Die Luftwaffe braucht immer neue Bewerber.

il nemico, la nemica
[ne'mi:ko, ne'mi:ka] *n*
der Feind, die Feindin

Per alcuni sportivi, l'avversario diventa un **nemico**.

Für manchen Sportler wird der Gegner zum Feind.

combattere
[kom'battere] *v*
kämpfen

Non hanno fatto che **combattere** tutto il giorno.

Sie haben den ganzen Tag nur gekämpft.

il conflitto
[kon'flitto] *n*
der Konflikt

Finché nessuno cede, il **conflitto** rimane irrisolvibile.

Solange keiner nachgibt, bleibt der Konflikt unlösbar.

il/la terrorista
[terro'rista] *n m/f*
der Terrorist, die Terroristin

Mi trattano come se fossi una **terrorista**!

Sie behandeln mich, als wäre ich eine Terroristin!

armato, -a
[ar'ma:to, -a] *adj*
bewaffnet

Attenzione, è **armato**!

Vorsicht, er ist bewaffnet!

l'arma
['arma] *n f*
die Waffe

David si interessava alle **armi** già da bambino.

David interessierte sich schon als kleiner Junge für Waffen.

sparare
[spa'ra:re] *v*
schießen

Quando io **sparo**, le anatre muoiono dalle risate.

Wenn ich schieße, lachen sich die Enten tot.

pacifico, -a
[pa'tʃi:fiko, -a] *adj*
friedlich

Con la chitarra in mano, è una persona **pacifica**.

Mit der Gitarre in der Hand ist sie ein friedlicher Mensch.

la pace
['pa:tʃe] *n*
der Frieden

Bisogna tenere stretta la **pace**, con tutta la forza possibile.

Man muss den Frieden festhalten – mit aller Gewalt.

GESELLSCHAFT & RECHT

la **società**
[sotʃe'ta] *n*
die Gesellschaft

Devi trovare il tuo posto nella **società**, anche senza GPS.

Du musst deinen Platz in der Gesellschaft finden, auch ohne GPS.

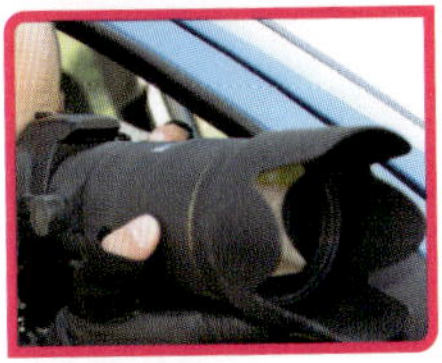

il pubblico
['pubbliko] *n*
die Öffentlichkeit

Chi si trova in **pubblico**, deve tenere in conto di essere osservato.

Wer in der Öffentlichkeit steht, muss mit Beobachtung rechnen.

privato, -a
[pri'vaːto, -a] *adj*
privat, Privat-

Con un jet **privato** si vola nella maniera più comoda.

Im Privatjet fliegt sich's einfach am angenehmsten.

ricco, -a
['rikko, -a] *adj*
reich

Siamo **ricchi**, siamo belli – ci sono altre domande?

Wir sind reich, wir sind schön – sonst noch Fragen?

povero, -a
['pɔːvero, -a] *adj*
arm

Anche chi è **povero** può mantenere la propria dignità.

Auch wer arm ist, kann seine Würde bewahren.

la mancanza
[maŋ'kantsa] *n*
der Mangel

In **mancanza** di soldi, si deve perfino rinunciare al jet privato.

Bei Geldmangel muss man sogar auf den Privatjet verzichten.

la miseria
[mi'zɛːrja] *n*
das Elend

Questo povero diavolo ha sempre vissuto nella **miseria**.

Dieser arme Teufel hat schon immer im Elend gelebt.

pubblico, -a
['pubbliko, -a] *adj*
öffentlich

sociale
[so'tʃaːle] *adj*
sozial, gesellschaftlich

la ricchezza
[rik'kettsa] *n*
der Reichtum

la povertà
[pover'ta] *n*
die Armut

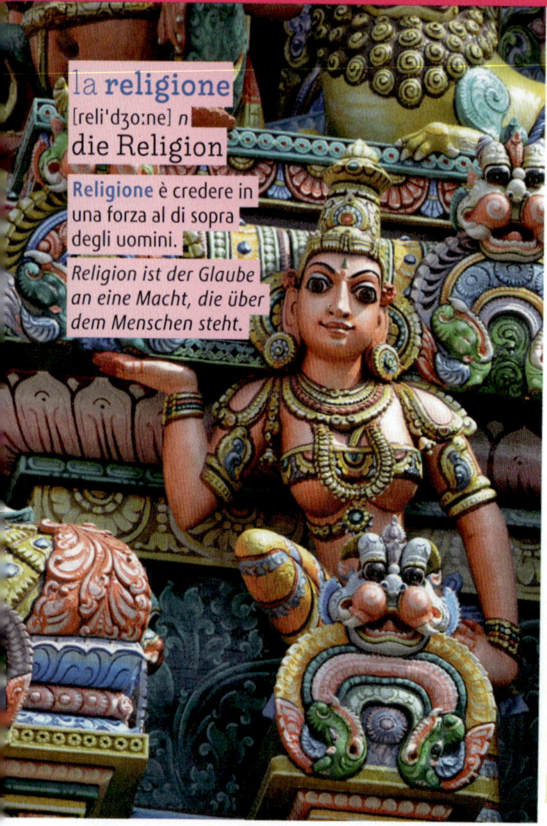

la **religione**
[reli'dʒoːne] *n*
die Religion

Religione è credere in una forza al di sopra degli uomini.

Religion ist der Glaube an eine Macht, die über dem Menschen steht.

il **dio**
['diːo] *n*
der Gott

I regnanti d'Egitto venivano venerati anche come **dei**.

Ägyptens Herrscher wurden auch als Götter verehrt.

Nichtchristliche Götter werden kleingeschrieben, der christliche Gott groß: Dio.
Die Pluralform lautet dei, das Femininum la dea (Plural: dee).

pregare
[pre'gaːre] *v*
beten

Non dire niente finché non ha terminato di **pregare**.

Sag nichts, bis er mit dem Beten fertig ist.

la **fede**
['feːde] *n*
der Glaube

La sua **fede**, l'ha portata molto lontano.

Ihr Glaube hat sie sehr weit gebracht.

la libertà
[liber'ta] *n*
die Freiheit

La **libertà** può essere anche molto faticosa.

Freiheit kann auch ganz schön anstrengend sein.

l'ateo, l'atea
['a:teo, -a] *n m/f*
der Atheist, die Atheistin

Quest'uomo è veramente un **ateo**?

Ist dieser Mann wirklich ein Atheist?

la giustizia
[dʒus'ti:tsja] *n*
die Gerechtigkeit

La **giustizia** è cieca, ma le piace farsi rivestire d'oro.

Die Gerechtigkeit ist blind, aber sie lässt sich gerne vergolden.

innocente
[inno'tʃɛnte] *adj*
unschuldig

Jan sembra così **innocente** solo quando dorme.

So unschuldig sieht Jan nur aus, wenn er schläft.

colpevole
[kol'pe:vole] *adj*
schuldig

Non tutti quelli che si trovano in prigione devono anche essere **colpevoli**.

Nicht jeder, der im Gefängnis sitzt, muss auch schuldig sein.

morale
[mo'ra:le] *adj*
moralisch

Ho giurato di condurre una vita **morale**.

Ich habe geschworen, ein moralisches Leben zu führen.

credente
[kre'dɛnte] *adj*
gläubig

religioso, -a
[reli'dʒo:so, -a] *adj*
religiös, Religions-

l'esistenza
[ezis'tɛntsa] *n f*
die Existenz

esistere
[e'zistere] *v*
existieren

la colpa
['kolpa] *n*
die Schuld

amorale
[amo'ra:le] *adj*
unmoralisch

libero, -a
['li:bero, -a] *adj*
frei

giusto, -a
['dʒusto, -a] *adj*
gerecht

ingiusto, -a
[in'dʒusto, -a] *adj*
ungerecht

la legge
['leddʒe] *n*
das Gesetz

Davvero Lei ha imparato a memoria tutte queste **leggi**?

Echt? Sie haben alle diese Gesetze auswendig gelernt?

il diritto
[di'ritto] *n*
das Recht

La libertà di opinione appartiene ai **diritti** umani fondamentali.

Meinungsfreiheit gehört zu den grundlegenden Menschenrechten.

legale
[le'ga:le] *adj*
legal

Credi davvero che sia **legale** qui usare uno spray?

Glaubst du wirklich, dass Sprayen hier legal ist?

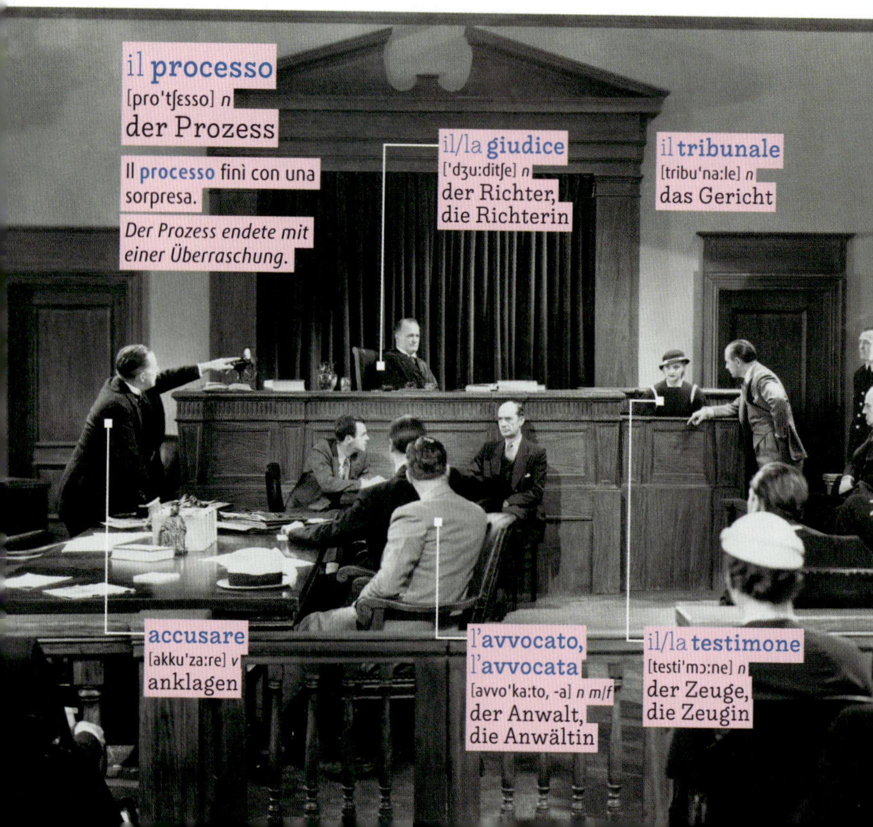

il processo
[pro'tʃɛsso] *n*
der Prozess

Il **processo** finì con una sorpresa.

Der Prozess endete mit einer Überraschung.

il/la giudice
['dʒu:ditʃe] *n*
der Richter, die Richterin

il tribunale
[tribu'na:le] *n*
das Gericht

accusare
[akku'za:re] *v*
anklagen

l'avvocato, l'avvocata
[avvo'ka:to, -a] *n m/f*
der Anwalt, die Anwältin

il/la testimone
[testi'mɔ:ne] *n*
der Zeuge, die Zeugin

la **vittima**
['vittima] *n*
das Opfer

Non sarò più la **vittima**. Domani vado a taekwondo.

Nie wieder Opfer! Morgen gehe ich zum Taekwondo.

il **delitto**
[de'litto] *n*
das Verbrechen

Il **delitto** è il nostro mestiere.

Verbrechen ist unser Geschäft.

rubare
[ru'ba:re] *v*
stehlen

Che vuol dire **rubare**? Abbiamo fame!

Was heißt hier stehlen? Wir haben Hunger!

la **punizione**
[puni'tsjo:ne] *n*
die Strafe

Ben trovò la sua **punizione** terribilmente ingiusta.

Ben fand seine Strafe furchtbar ungerecht.

uccidere
[ut'tʃi:dere] *v*
töten, umbringen

Guarda, Erika: **ho ucciso** da solo questa zanzara.

Schau mal, Erika: Diese Mücke habe ich selbst getötet.

il **furto**
['furto] *n*
der Diebstahl

l'imputato, l'imputata
[impu'ta:to, -a] *n m/f*
der/die Angeklagte

l'omicidio, l'assassinio
[omi'tʃi:djo], [assas'si:nio] *n m*
der Mord

illegale
[ille'ga:le] *adj*
illegal

l'industria
[in'dustrja] *n f*
die Industrie

Nell'**industria** i posti di lavoro sono diventati rari.

In der Industrie sind die Arbeitsplätze rar geworden.

la **ditta**
['ditta] *n*
die Firma

Siamo piccoli, ma una vera e propria **ditta**.

Wir sind zwar klein, aber schon eine richtige Firma.

l'**economia**
[ekono'mi:a] *n f*
die Wirtschaft

Nell'**economia** si sale e si scende in continuazione.

Mit der Wirtschaft geht es ständig auf und ab.

la **banca**
['baŋka] *n*
die Bank

Le **banche** a Londra hanno un quartiere a sé.

Die Banken haben in London ein eigenes Viertel.

risparmiare
[rispar'mja:re] *v*
sparen

Mi posso **risparmiare** di **risparmiare** su un libretto dei risparmi.

Auf einem Sparbuch zu sparen kann ich mir sparen.

cambiare
[kam'bja:re] *v*
wechseln

Ma non può essere così difficile: vorrei **cambiare** tutte le mie monete in banconote.

Das kann doch nicht so schwer sein: Ich würde gern alle meine Münzen in Scheine wechseln.

la **società per azioni**
[sotʃe'ta per a'tsjo:ni] *n*
die Aktiengesellschaft

la **domanda**
[do'manda] *n*
die Nachfrage

il **fatturato**
[fattu'ra:to] *n*
der Umsatz

la **merce**
['mɛrtʃe] *n*
die Ware

La grande offerta di **merce** mi stressa.

Das große Angebot an Waren stresst mich.

l'assicurazione
[assikura'tsjo:ne] *n f*
die Versicherung

Posso solo sperare che l'**assicurazione** paghi.

Ich kann nur hoffen, dass die Versicherung zahlt.

il debito
['de:bito] *n*
die Schulden

Moglie e cane se ne sono andati, sono rimasti solo i **debiti**.

Frau und Hund auf und davon, geblieben sind nur die Schulden.

gli spiccioli
['spittʃoli] *n pl*
das Kleingeld

Molte grazie, gli **spiccioli** mi possono servire.

Vielen Dank, das Kleingeld kann ich gut gebrauchen.

i soldi
['sɔldi] *n pl*
das Geld

Per me i **soldi** non hanno nessuna importanza finché ho una carta di credito.

Ich finde Geld total unwichtig – solange ich 'ne Kreditkarte habe.

la carta di credito
['karta di 'kre:dito] *n*
die Kreditkarte

la moneta
[mo'ne:ta] *n*
die Münze

la banconota
[baŋko'nɔ:ta] *n*
die Banknote

il centesimo
[tʃen'tɛ:zimo] *n*
der Cent

l'euro
['ɛ:uro] *n m*
der Euro

valere la pena
[va'le:re la 'pe:na] *phrase*
sich lohnen

Qui non **vale** più la **pena** di riparare.

Hier lohnt sich die Reparatur nicht mehr.

importare
[impor'ta:re] *v*
importieren, einführen

Tutta questa frutta **è importata**.

All diese Früchte sind importiert.

aumentare
[aumen'ta:re] *v*
erhöhen, steigern

Dobbiamo **aumentare** la velocità altrimenti rimaniamo fermi qui.

Wir müssen die Geschwindigkeit erhöhen, sonst hängen wir hier fest.

l'ordine
['ordine] *n m*
der Auftrag, die Bestellung

Posso sedermi accanto a Lei finché non arriva il suo **ordine**?

Kann ich mich zu Ihnen setzen, bis Ihre Bestellung kommt?

diminuire
[diminu'i:re] *v*
verringern, sinken

All'improvviso il conte Wumme **diminuì** la velocità.

Urplötzlich verringerte Graf Wumme sein Tempo.

ridurre
[ri'durre] *v*
senken

assicurare
[assiku'ra:re] *v*
versichern

dovere
[do've:re] *v*
schulden

esportare
[espor'ta:re] *v*
exportieren, ausführen

l'agricoltura
[agrikol'tu:ra] *n f*
die Landwirtschaft

Così posso praticare l'**agricoltura** senza dover abbandonare il volo.

So kann ich Landwirtschaft betreiben, ohne das Fliegen aufgeben zu müssen.

coltivare
[kolti'va:re] *v*
anbauen

La nostra famiglia **coltiva** riso da tre generazioni.

Unsere Familie baut seit drei Generationen Reis an.

fertile
['fɛrtile] *adj*
fruchtbar

Se anche il mio panda fosse così **fertile**!

Wenn nur mein Pandabär auch so fruchtbar wäre!

agricolo, -a
[a'gri:kolo, -a] *adj*
landwirtschaftlich

raccogliere
[rak'kɔʎʎere] *v*
ernten

il metodo
['mɛ:todo] *n*
die Methode

annaffiare
[annaf'fja:re] *v*
gießen

piantare
[pjan'ta:re] *v*
pflanzen

Ieri **ho piantato**, oggi ho annaffiato: dove sono i pomodori?

Gestern gepflanzt, heute gegossen – wo bleiben die Tomaten?

il **raccolto**
[rak'kɔlto] *n*
die Ernte

Il **raccolto** quest'anno è stato particolarmente buono. Il salario un po' meno.

Die Ernte war dieses Jahr besonders ertragreich. Der Lohn dagegen weniger.

Das Geerntete, also der Ertrag heißt *il raccolto*, die Erntetätigkeit hingegen *la raccolta*.

la **fattoria**
[fatto'ri:a] *n*
der Bauernhof

Direttamente dietro i campi, c'era una **fattoria**.

Gleich hinter den Feldern lag ein Bauernhof.

il **campo**
['kampo] *n*
das Feld

come
['ko:me] *adv*
wie

Sai davvero **come** si ripara?

Weißt du wirklich, wie man das repariert?

la **macchina**
['makkina] *n*
die Maschine, das Gerät

La **macchina** che davvero ha cambiato la nostra vita è la lavatrice.

Die Maschine, die unser Leben wirklich verändert hat, ist die Waschmaschine.

funzionare
[funtsjo'na:re] *v*
funktionieren

Credi davvero che **funzionino** ancora, topolino?

Glaubst du wirklich, die funktionieren noch, Mäuschen?

elettrico, -a
[e'lɛttriko, -a] *adj*
elektrisch

Adesso uso solo il tuo spazzolino **elettrico**, papà.

Ich benutze jetzt nur noch deine elektrische Zahnbürste, Papa.

il **motore**
[mo'to:re] *n*
der Motor

I **motori** elettrici mettono in movimento la via di produzione dei **motori** auto.

Elektromotoren treiben die Fertigungsstraße der Automotoren an.

scoprire
[sko'pri:re] *v*
entdecken

Houston? Credo di **aver scoperto** delle orme qui …

Houston? Ich glaube, ich habe hier Fußspuren entdeckt …

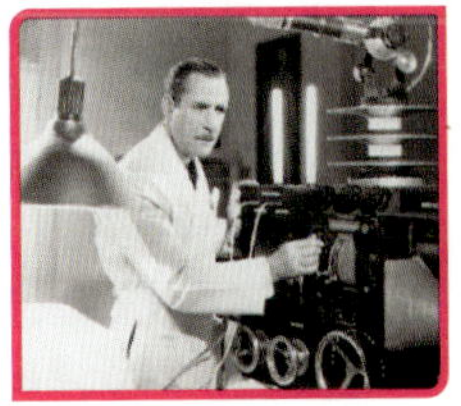

inventare
[inven'ta:re] *v*
erfinden

Ho inventato un dispositivo che vi legge nel pensiero.

Ich habe ein Gerät erfunden, das Ihre Gedanken lesen kann.

costruire
[kostru'i:re] *v*
bauen

Qui **costruisco** per l'eternità.

Ich baue hier für die Ewigkeit.

la **forza**
['fɔrtsa] *n*
die Kraft, die Energie

La **forza** dell'acqua trascina tutto con sé.

Die Kraft des Wassers reißt alles mit.

il **sistema**
[sis'tɛ:ma] *n*
das System

Si può ampliare un buon **sistema**.

Ein gutes System kann man erweitern.

l'**energia**
[ener'dʒi:a] *n f*
die Energie

Quando soffia il vento la città viene alimentata con **energia**.

Wenn Wind weht, wird die Stadt mit Energie versorgt.

l'**elettricità**
[elettritʃi'ta] *n f*
die Elektrizität

la **scoperta**
[sko'pɛrta] *n*
die Entdeckung

l'**invenzione**
[inven'tsjo:ne] *n f*
die Erfindung

la **funzione**
[fun'tsjo:ne] *n*
die Funktion

il materiale
[mate'rja:le] *n*
das Material

la sostanza
[sos'tantsa] *n*
der Stoff

Non esiste immondizia, solo **materiale** per nuove possibilità.

Es gibt keinen Abfall, nur Material für neue Möglichkeiten.

il vetro
['ve:tro] *n*
das Glas

la plastica
['plastika] *n*
der Kunststoff, das Plastik

riparare
[ripa'ra:re] *v*
reparieren

Per quanto tempo si potranno ancora **riparare** le auto da soli?

Wie lange man Autos wohl noch selbst reparieren kann?

preciso, -a
[pre'tʃi:zo, -a] *adj*
genau

Ti dico subito l'ora **precisa**.

Gleich sage ich dir die genaue Uhrzeit.

grosso, -a sagt man von einem Gegenstand, der eher rund ist, spesso, -a von einer Schicht.

sottile
[sot'ti:le] *adj*
dünn

grosso, -a
spesso, -a
['grɔsso, -a], ['spesso, -a] *adj*
dick

Mamma mia, deciditi: la fune **grossa** o **sottile**?

Meine Güte, entscheide dich: das dicke oder das dünne Seil?

morbido, -a
['mɔrbido, -a] *adj*
weich

Così **morbido** è solo il mio orsacchiotto.

Sooo weich ist nur mein Teddybär.

duro, -a
['du:ro, -a] *adj*
hart

Ho un'argomentazione **dura** per il nostro fidanzamento.

Ich habe ein hartes Argument für unsere Verlobung.

fragile
['fra:dʒile] *adj*
zerbrechlich

Ma tu guarda! Sono **fragili**.

Na sowas! Die sind zerbrechlich.

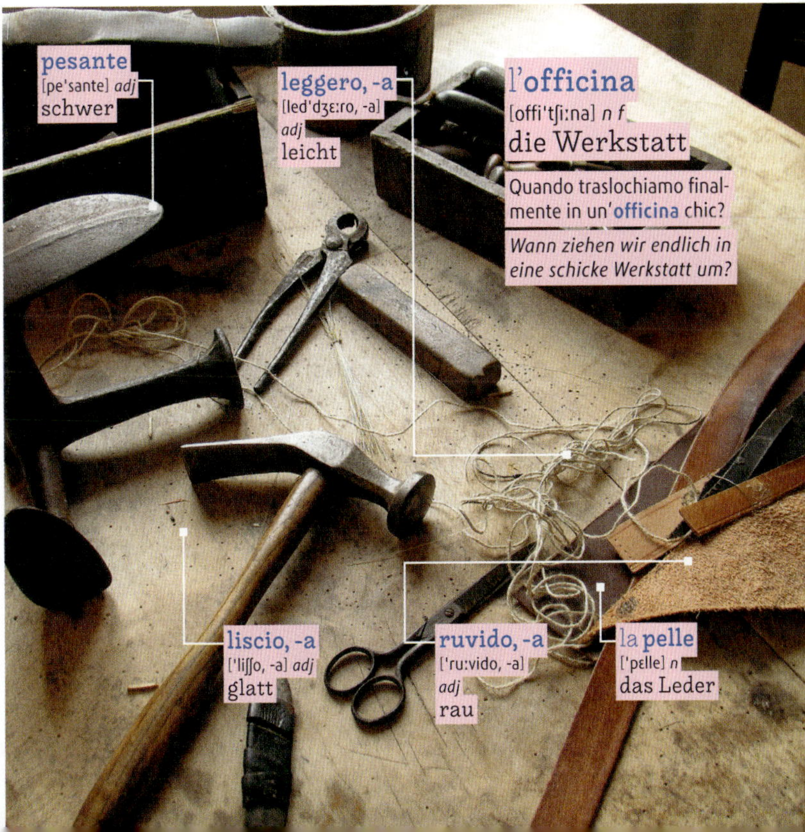

pesante
[pe'sante] *adj*
schwer

leggero, -a
[led'dʒɛ:ro, -a] *adj*
leicht

l'officina
[offi'tʃi:na] *n f*
die Werkstatt

Quando traslochiamo finalmente in un'**officina** chic?

Wann ziehen wir endlich in eine schicke Werkstatt um?

liscio, -a
['liʃʃo, -a] *adj*
glatt

ruvido, -a
['ru:vido, -a] *adj*
rau

la pelle
['pɛlle] *n*
das Leder

la **vita**
['viːta] *n*
das Leben

Dove la **vita** pulsa, per forza si è uno vicino all'altro.

Wo das Leben pulsiert, kommt man sich zwangsweise näher.

MITTEN
IM
LEBEN

la **casa**

['ka:sa] *n*

das Haus

La scala per la **casa** è disponibile con un piccolo sovrapprezzo.

Die Leiter zum Haus ist gegen geringen Aufpreis erhältlich.

l'indirizzo
[indi'rittso] *n m*
die Adresse

A quest'**indirizzo** non porto più lettere.

Zu dieser Adresse bring' ich keine Briefe mehr.

la residenza
[resi'dɛntsa] *n*
der Wohnsitz, der Wohnort

Nel mio luogo di **residenza** non pago le tasse.

An meinem Wohnort zahle ich keine Steuern.

il piano
['pja:no] *n*
die Etage

Lei abita al sesto, ma l'ultimo **piano** lo faccio a piedi.

Sie wohnt im Sechsten, aber ich gehe die letzte Etage zu Fuß.

venire da
[ve'ni:re da] *v*
kommen aus

Vengo dal pianeta XQ6TL-038P#.

Ich komme vom Planeten XQ6TL-038P#.

a casa
[a 'ka:sa] *adv*
zu Hause

Solo quando il gatto è in casa mi sento **a casa**.

Nur wenn die Katze im Haus ist, fühle ich mich zu Hause.

il pianoterra
[pjano'tɛrra] *n*
das Erdgeschoss

Viviamo al **pianoterra** in modo che Chrissie possa uscire quando vuole.

Wir wohnen im Erdgeschoss, damit Chrissie jederzeit raus kann.

il numero (civico)
['nu:mero ('tʃi:viko)] *n*
die Hausnummer

David viveva al **numero** 10.

David wohnte in Hausnummer 10.

la porta
['pɔrta] *n*
die Tür

Solo con la luna piena è visibile ogni **porta**.

Nur bei Vollmond ist jene Tür sichtbar.

l'entrata
[en'tra:ta] *n f*
der Eingang

l'uscita
[uʃ'ʃi:ta] *n f*
der Ausgang

Una porta girevole è **entrata** e **uscita** contemporaneamente.

Eine Drehtür ist Eingang und Ausgang zugleich.

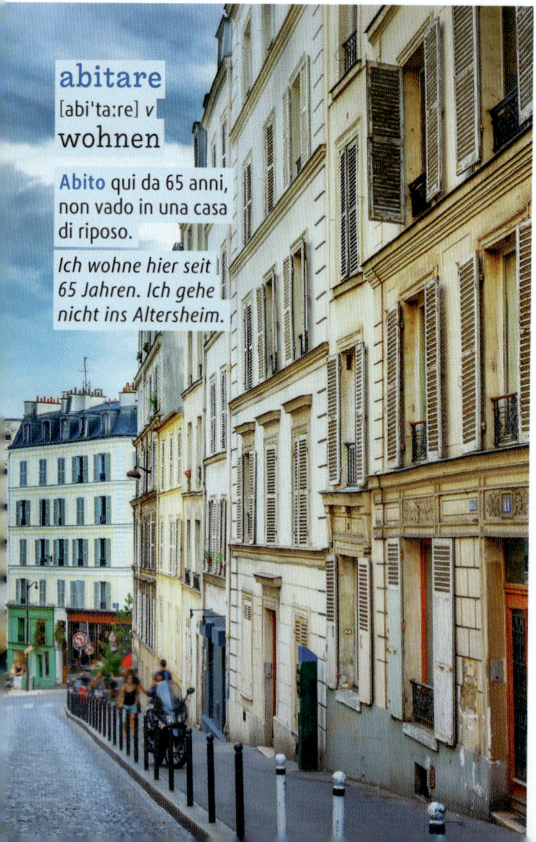

abitare
[abi'ta:re] *v*
wohnen

Abito qui da 65 anni, non vado in una casa di riposo.

Ich wohne hier seit 65 Jahren. Ich gehe nicht ins Altersheim.

affittare
[affit'ta:re] *v*
vermieten

Affitto il mio sofà ai turisti.

Ich vermiete mein Sofa an Touristen.

Das Verb affittare wird meist im Zusammenhang mit Immobilien verwendet, während man bei Autos, Booten, Liegestühlen usw. noleggiare sagt.

il tetto
['tetto] *n*
das Dach

Almeno hanno un **tetto** sulla testa.
Zumindest haben sie ein Dach über dem Kopf.

l'edificio
[edi'fi:tʃo] *n m*
das Gebäude

Abito nell'**edificio** all'angolo, al quarto piano.
Ich wohne im Gebäude an der Ecke im vierten Stock.

l'ascensore
[aʃʃen'so:re] *n m*
der Aufzug

Prendiamo le scale, l'**ascensore** è troppo caro.
Lass uns die Treppe nehmen, der Aufzug ist mir zu teuer.

la stanza
['stantsa] *n*
das Zimmer, der Raum

Di' un po', devi sempre portare la bicicletta in **stanza**?
Sag mal, musst du das Rad immer mit aufs Zimmer nehmen?

entrare
[en'tra:re] *v*
eintreten

l'affitto
[af'fitto] *n m*
die Miete

prendere in affitto
['prɛndere in af'fitto] *phrase*
mieten

l'isolato
[izo'la:to] *n m*
der Wohnblock

suonare
[suo'na:re] *v*
klingeln

Suoni, signor commissario, io vado a prendere già la macchina.

Klingeln Sie, Herr Kommissar, ich hole schon mal den Wagen.

aprire
[a'pri:re] *v*
öffnen, aufmachen

Padrona, **apri** un po' la trappola.

Frauchen, mach doch mal die Falle auf.

chiudere
['kju:dere] *v*
schließen, zumachen

Chiudi gli occhi e rilassati.

Schließ die Augen und entspann' dich.

la **parete**
[pa're:te] *n*
die Wand

Vuoi davvero lasciare la **parete** senza intonaco?

Willst du die Wand wirklich unverputzt lassen?

la **finestra**
[fi'nεstra] *n*
das Fenster

Come capo del reparto ho finalmente un ufficio con **finestra**.

Als Abteilungsleiter habe ich endlich ein Büro mit Fenster.

il **muro**
['mu:ro] *n*
die Mauer

I bambini sono dipinti sul **muro**, l'altalena è vera.

Die Kinder sind an die Wand gemalt, die Schaukel ist echt.

il **pavimento**
[pavi'mento] *n*
der (Fuß)Boden

Al mattino devo testare quanto è freddo il **pavimento**.

Morgens muss ich erst testen, wie kalt der Fußboden ist.

la terrazza
[ter'rattsa] *n*
die Terrasse

Mia si era accomodata con il donut sulla **terrazza**.

Mia hatte es sich mit ihrem Donut auf der Terrasse gemütlich gemacht.

il balcone
[bal'ko:ne] *n*
der Balkon

Vieni stanotte da me sul **balcone**?

Kommst du heute Nacht zu mir auf den Balkon?

la scala
['ska:la] *n*
die Treppe

Su questa **scala** mi gira sempre la testa.

Auf dieser Treppe wird mir immer schwindelig.

la serratura
[serra'tu:ra] *n*
das Schloss

la chiave
['kja:ve] *n*
der Schlüssel

Inserire la **chiave** con molta cautela nella **serratura**.

Bitte den Schlüssel sehr vorsichtig ins Schloss stecken.

il cantina
[kan'ti:na] *n*
der Keller

Theo ha alcuni veri tesori in **cantina**.

Theo hat ein paar echte Schätze im Keller.

il garage
[ga'raʒ] *n*
die Garage

Dal **garage** al luogo d'intervento ci mettevano solo tre minuti.

Von der Garage zum Einsatzort brauchten sie nur drei Minuten.

l'**appartamento**

[apparta'mento] *n m*

die Wohnung

L'**appartamento** è così caro che per ora risparmiamo sui mobili.

Die Wohnung ist so teuer, dass wir uns neue Möbel erstmal sparen.

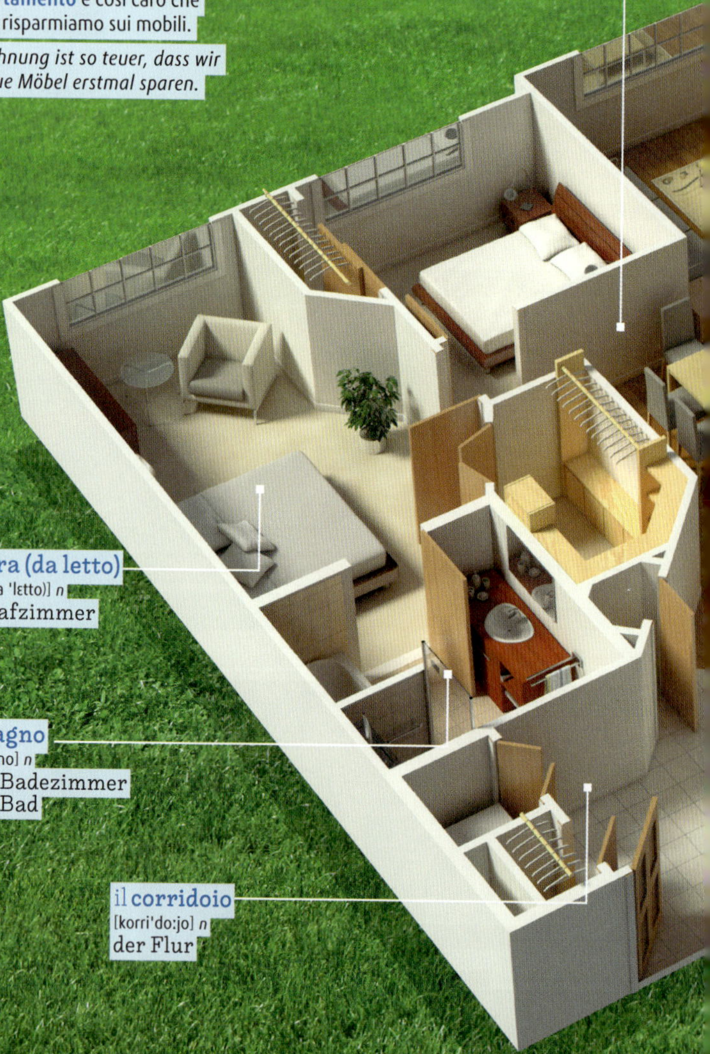

la **sala da pranzo**

['sa:la da 'prandzo] *n*

das Esszimmer

la **camera (da letto)**

['ka:mera (da 'lɛtto)] *n*

das Schlafzimmer

il **bagno**

['baɲɲo] *n*

das Badezimmer

das Bad

il **corridoio**

[korri'do:jo] *n*

der Flur

Wenn man in Privathäusern nach der Toilette fragen will, sagt man: *Dov'è il bagno?* Im Restaurant fragt man: *Dov'è la toilette?* oder *Dove sono i bagni?*

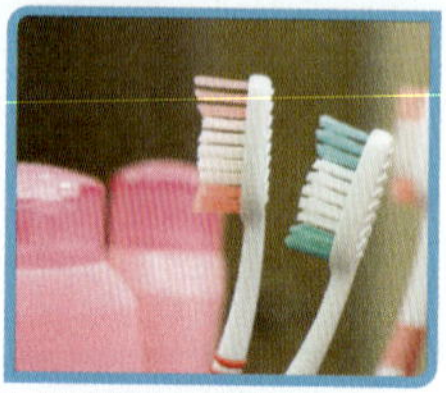

lo **spazzolino (da denti)**

[spattso'li:no (da 'dɛnti)] *n*

die Zahnbürste

Lo **spazzolino** era un segnale sicuro. Sarebbe rimasta.

Die Zahnbürste war ein sicheres Zeichen: Sie würde bleiben.

l'**asciugamano**

[aʃʃuga'ma:no] *n m*

das Handtuch

Un **asciugamano** per occupare la sdraio non basta più.

Ein Handtuch zum Reservieren der Liege reicht nicht mehr.

la **doccia**

['dottʃa] *n*

die Dusche

Doccia o **vasca da bagno**, puliti si diventa in ogni caso.

Dusche oder Badewanne? Sauber wird man in jedem Fall.

la **vasca da bagno**

['vaska da 'baɲɲo] *n*

die Badewanne

farsi la barba

['farsi la 'barba] *phrase*

sich rasieren

Ma lascia stare papà, ancora non **mi** devo **fare la barba**.

Lass den Quatsch, Papa, ich muss mich noch nicht rasieren.

lavarsi i denti

[la'varsi i 'dɛnti] *phrase*

Zähne putzen

Quando la mattina **mi lavo i denti**, di solito dormo ancora.

Morgens beim Zähneputzen schlafe ich meistens noch.

fare la doccia
['faːre la 'dottʃa] *phrase*
duschen

Perché fare il bagno in mare con gli animali se posso anche **fare la doccia** in spiaggia?

Warum mit Getier im Meer baden, wenn ich am Strand auch duschen kann?

il pettine
['pɛttine] *n*
der Kamm

Mi sono comprato un **pettine** apposta per la mia barba.

Ich habe mir für meinen Bart extra einen Kamm zugelegt.

fare il bagno
['faːre il 'baɲɲo] *phrase*
baden

Quando Henry **fa il bagno** gli piace cantare gli ABBA.

Wenn Henry badet, singt er am liebsten ABBA.

lo shampoo
['ʃampo] *n*
das Shampoo

Questo **shampoo** fa moltissima schiuma.

Dieses Shampoo schäumt einfach ohne Ende.

il fon
[fɔn] *n*
der Föhn

Che un semplice **fon** possa risvegliare questi sentimenti …

Dass ein einfacher Föhn solche Gefühle wecken kann …

la spazzola
['spattsola] *n*
die Haarbürste

il sapone
[sa'poːne] *n*
die Seife

la crema
['krɛːma] *n*
die Creme

il dentifricio
[denti'friːtʃo] *n*
die Zahnpasta

EINRICHTUNG

il mobile
['mɔːbile] *n*
das Möbel(stück)

Sorpresa, topolino mio: arrediamo in modo completamente nuovo e questi vecchi **mobili** vanno a finire nei rifiuti ingombranti.

Überraschung, mein Bärchen: Wir richten uns komplett neu ein – und diese alten Möbel kommen auf den Sperrmüll.

il tavolo
['taːvolo] *n*
der Tisch

la sedia
['sɛːdja] *n*
der Stuhl

l'**armadio**
[ar'maːdjo] *n m*
der Schrank

Senti anche tu questi rumori strani dall'**armadio**?

Hörst du auch diese komischen Geräusche aus dem Schrank?

comodo, -a
['kɔːmodo, -a] *adj*
bequem

Senza queste scarpe si sta molto più **comodi**.

Ohne diese Schuhe ist es so viel bequemer.

il **letto**
['lɛtto] *n m*
das Bett

Stare nel **letto** della mamma di domenica è semplicemente la cosa più bella.

Bei Mama im Bett ist es sonntags einfach am schönsten.

stare seduto
['staːre se'duːto] *v*
sitzen

Trovavo inquietante come il gatto **stava seduto** e mi guardava.

Ich fand es leicht unheimlich, wie die Katze dasaß und mich anblickte.

la **lampada**
['lampada] *n*
die Lampe

Mah, con una **lampada** che fuma e basta, non posso fare niente.

Bah, mit einer Lampe, die nur raucht, kann ich nichts anfangen.

Tavolo ist der allgemeine Ausdruck für Tisch; tavola bezeichnet den Tisch, an dem die Mahlzeiten eingenommen werden.

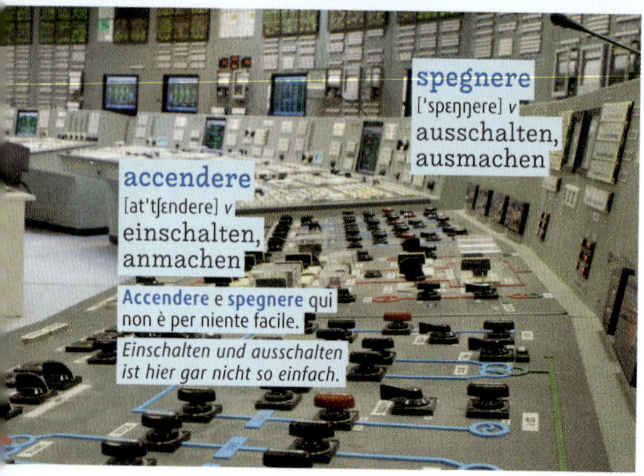

spegnere
['spɛɲɲere] *v*
ausschalten, ausmachen

accendere
[at'tʃɛndere] *v*
einschalten, anmachen

Accendere e **spegnere** qui non è per niente facile.
Einschalten und ausschalten ist hier gar nicht so einfach.

riscaldare
[riskal'da:re] *v*
heizen

Il più contento quando **riscaldo** il salotto è il gatto.
Wer sich am meisten freut, wenn ich das Wohnzimmer heize, ist die Katze.

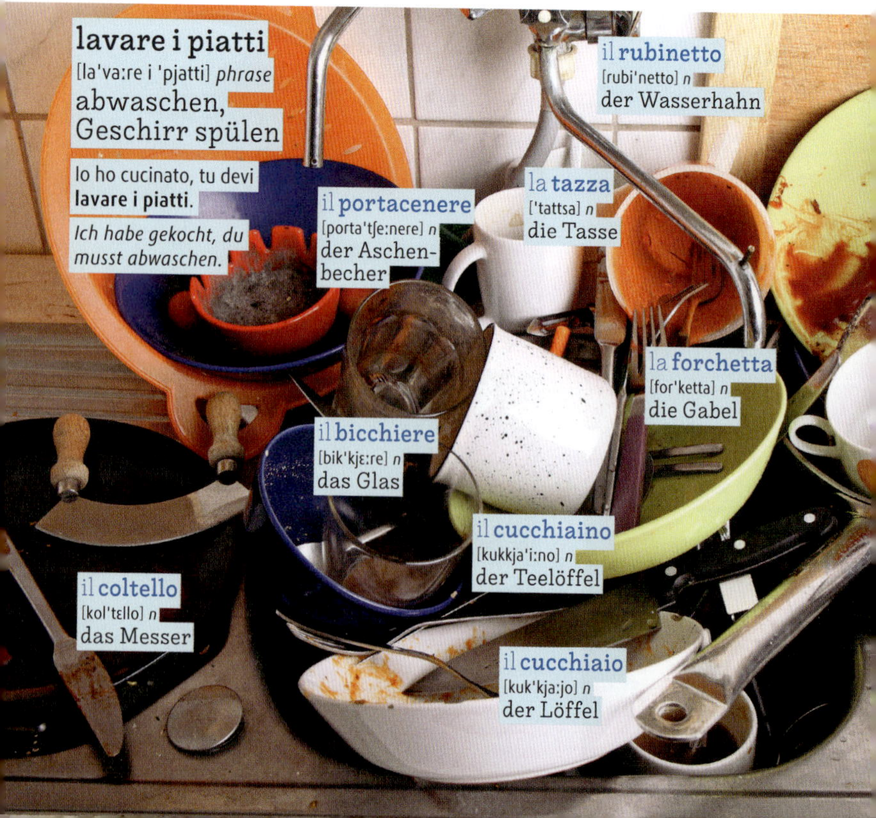

lavare i piatti
[la'va:re i 'pjatti] *phrase*
abwaschen, Geschirr spülen

Io ho cucinato, tu devi **lavare i piatti**.
Ich habe gekocht, du musst abwaschen.

il **rubinetto**
[rubi'netto] *n*
der Wasserhahn

il **portacenere**
[porta'tʃe:nere] *n*
der Aschenbecher

la **tazza**
['tattsa] *n*
die Tasse

la **forchetta**
[for'ketta] *n*
die Gabel

il **bicchiere**
[bik'kjɛ:re] *n*
das Glas

il **cucchiaino**
[kukkja'i:no] *n*
der Teelöffel

il **coltello**
[kol'tɛllo] *n*
das Messer

il **cucchiaio**
[kuk'kja:jo] *n*
der Löffel

il riscaldamento
[riskalda'mento] *n*
die Heizung

Il **riscaldamento** centrale di tutto il sistema solare.

Die Zentralheizung des ganzen Sonnensystems.

il piatto
['pjatto] *n*
der Teller

la padella
[pa'dɛlla] *n*
die Pfanne

il frigorifero, il frigo
[frigo'ri:fero], ['fri:go] *n*
der Kühlschrank

Schon gut, Mama, ich hol' mir die Milch selbst aus dem Kühlschrank!

il fornello
[for'nɛllo] *n*
der Herd

A casa naturalmente ho un **fornello** a induzione.

Zu Hause hab' ich natürlich einen Induktionsherd.

la pentola
['pentola] *n*
der Kochtopf

Abbiamo solo una **pentola**, bisogna mettere tutto lì dentro.

Wir haben nur einen Kochtopf, da muss eben alles rein.

la **scatola**
['ska:tola] *n*
die Schachtel

Maria non vuole più uscire dalla sua **scatola**.

Maria will gar nicht mehr raus aus ihrer Schachtel.

lo **specchio**
['spɛkkjo] *n*
der Spiegel

Potrebbe guardarsi per ore allo **specchio**.

Er konnte sich stundenlang im Spiegel betrachten.

la **lavatrice**
[lava'tri:tʃe] *n*
die Waschmaschine

La mia **lavatrice** si mangia i miei calzini.

Meine Waschmaschine frisst meine Socken.

accendere
[at'tʃendere] *v*
anzünden

la **candela**
[kan'de:la] *n*
die Kerze

Ogni **candela** che **accendiamo** è legata al pensiero di una persona cara.

Jede Kerze, die wir anzünden, ist mit dem Gedanken an einen lieben Menschen verbunden.

il bidone dell'immondizia
[bi'do:ne dell immon'di:tsja] *n*
die Mülltonne

È incredibile quel che si trova in un **bidone dell'immondizia**.

Erstaunlich, was man so alles in der Mülltonne findet.

sporco, -a
['spɔrko, -a] *adj*
schmutzig

Come siete **sporchi**! Be', date un bacino a papà.

Ihr seid aber schmutzig! Na, dann gebt schnell noch dem Papa ein Küsschen.

asciugare
[aʃʃu'ga:re] *v*
trocknen

Credo che il colore delle tue camicie soffra se le **asciughiamo** in giardino.

Ich glaube, die Farbe deiner Hemden leidet, wenn wir sie im Garten trocknen.

pulito, -a
[pu'li:to, -a] *adj*
sauber

Solo energia **pulita** è un'illusione.

Absolut saubere Energie ist eine Illusion.

lavare
[la'va:re] *v*
waschen

Tommy ritiene che si sopravvaluti il **lavare**.

Timmy hält Waschen für überbewertet.

mettere in ordine
['mettere in 'ordine]
phrase
aufräumen

l'accendino
[attʃen'di:no] *n m*
das Feuerzeug

pulire
[pu'li:re] *v*
sauber machen

l'**istruzione**
[istru'tsjoːne] *n f*
die Bildung

Wenn Sie glauben, dass irgendwelche Apps eine klassische Bildung ersetzen können, dann sind Sie auf dem Holzweg!

studiare
[stu'dja:re] *v*
lernen, studieren

Solo se si è dormito bene, si può **studiare** bene.

Nur ausgeschlafen kann man gut studieren.

imparare
[impa'ra:re] *v*
lernen

Con Lei mi piace molto **imparare**, signor Karloff.

Mit Ihnen lerne ich am liebsten, Herr Karloff.

Für „können" sagt man *sapere*, wenn man ausdrücken will, dass man sich eine bestimmte Fähigkeit angeeignet hat; *potere* verwendet man, wenn man zu etwas in der Lage ist, z. B. *posso venire domani* – „ich kann morgen kommen".

sapere
[sa'pe:re] *v*
wissen, können

Stupidi secchioni, di nuovo **sanno** tutto!

Blöde Streber, wissen mal wieder alles.

su
[su] *prep*
über, von

Su questa cosa non so assolutamente niente.

Über diese Sache weiß ich absolut nichts.

il **sapere**
[sa'pe:re] *n*
das Wissen

Tutto il mio **sapere** viene dai libri antichi.

Mein ganzes Wissen stammt aus alten Büchern.

spiegare
[spje'ga:re] *v*
erklären

Io **spiego** e rispiego, ma il nonno semplicemente non **capisce**.

Ich erkläre und erkläre, aber Opa versteht's einfach nicht.

capire
[ka'pi:re] *v*
verstehen

la classe
['klasse] *n*
die Klasse

Purtroppo solo raramente in **classe** c'è questa tranquillità.

So schön ruhig ist es leider nur selten in der Klasse.

l'aula
['a:ula] *n f*
das Klassenzimmer

la lezione
[le'tsjo:ne] *n*
der Unterricht, die Lektion

insegnare
[inseɲ'ɲa:re] *v*
lehren, unterrichten

Non mi piace **insegnare** con il caldo.

Ich hab's nicht so gern heiß beim Unterrichten.

interessante
[interes'sante] *adj*
interessant

L'opera d'arte era … ehm … **interessante**.

Das Kunstwerk war … äh … interessant.

interessarsi di
[interes'sarsi di] *v*
sich interessieren für

Anna **si interessa di** Simon più di quanto lui vorrebbe.

Anna interessiert sich mehr für Simon, als ihm lieb ist.

la materia
[ma'tɛːrja] *n*
das Fach

La sua **materia** preferita è la chimica.

Sein Lieblingsfach ist Chemie.

l'allievo, l'allieva
[al'ljɛːvo, al'ljɛːva] *n m/f*
der Schüler, die Schülerin

Ci sono **allievi** che vanno davvero volentieri a scuola.

Es gibt Schüler, die gehen richtig gern zur Schule.

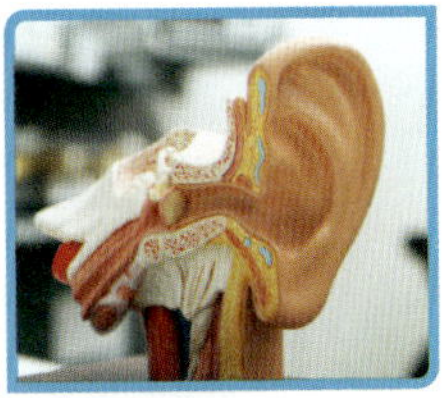

l'esempio
[e'zɛmpjo] *n m*
das Beispiel

Un bell'**esempio** di materiale di studio per l'ora di biologia.

Ein gutes Beispiel für Lehrmaterial im Biologieunterricht.

l'esercizio
[ezer'tʃitsjo] *n m*
die Übung

Ripetere quest'**esercizio** tre volte al giorno.

Diese Übung bitte dreimal täglich wiederholen.

la scuola
['skuɔːla] *n*
die Schule

Durante le vacanze la **scuola** è spettrale.

In den Ferien ist die Schule gespenstisch.

di
[di] *prep*
von
(im Genitiv meist unübersetzt)

Alcuni **di** noi copiavano durante l'esame.

Einige von uns spickten während der Prüfung.

l'insegnante
[inseɲ'ɲante] *n m/f*
der Lehrer, die Lehrerin

l'interesse
[inte'rɛsse] *n m*
das Interesse

l'orario delle lezioni
[o'raːrjo 'delle le'tsjoːni] *n m*
der Stundenplan

l'università

[universi'ta] *n f*

die Universität

Sono proprio invidioso: vorrei che la nostra **università** avesse una biblioteca così bella.

Ich bin total neidisch: ich wünschte, unsere Universität hätte eine so schöne Bibliothek.

lo studente, la studentessa

[stu'dɛnte, studen'tessa] *n*

der Student, die Studentin

il corso

['korso] *n*

der Kurs

Sara vuole mostrare a tutti nel **corso** che è la migliore.

Sara will im Kurs immer allen zeigen, dass sie die Beste ist.

gli studi

['stu:di] *n pl*

das Studium

Credici, siamo nel mezzo degli **studi**.

Doch, glaub's mir ruhig, wir sind mitten im Studium.

il professore, la professoressa

[profes'so:re, professo'ressa] *n*

der Professor, die Professorin

Bisogna avere i capelli arruffati per diventare **professore**?

Muss man zerzauste Haare haben, um Professor zu werden?

essere assente
['ɛssere as'sɛnte] *v*
fehlen

A quanto pare oggi Valerie **è assente**.

Valerie scheint heute zu fehlen.

presente
[pre'zɛnte] *adj*
anwesend, da

Un attimo, eccola lì, è addirittura l'unica a essere **presente**.

Moment, da sitzt sie doch. Sie ist sogar die Einzige, die da ist.

risolvere
[ri'sɔlvere] *v*
lösen

I problemi si **risolvono** per lo più riflettendo.

Probleme lassen sich meist durch Nachdenken lösen.

addestrare, formare
[addes'tra:re], [for'ma:re] *v*
ausbilden

Alex **addestra** falchi per la caccia.

Alex bildet Falken für die Jagd aus.

la **pagina**
['pa:dʒina] *n*
die Seite

Casualmente il libro era aperto alla **pagina** giusta.

Zufällig war das Buch auf der richtigen Seite aufgeschlagen.

esercitarsi
[ezertʃi'tarsi] *v*
üben

Guardarli **esercitarsi** è davvero affascinante.

Ihnen beim Üben zuzusehen ist faszinierend.

il **quaderno**
[kua'dɛrno] *n*
das Heft

il **miglioramento**
[miʎʎora'mento] *n*
die Verbesserung

la **soluzione**
[solu'tsjo:ne] *n*
die Lösung

giusto, -a
['dʒusto, -a] *adj*
richtig

sbagliato, -a
[zbaʎ'ʎa:to, -a] *adj*
falsch

sbagliarsi
[zbaʎ'ʎarsi] *v*
sich irren

Con il sale e lo zucchero sarebbe meglio non **sbagliarsi**.

Bei Salz und Zucker sollte man sich nicht irren.

il problema
[pro'blɛ:ma] *n*
das Problem

Mio marito ha sempre **problemi** di dosaggio.

Mit der Dosierung hat mein Mann immer Probleme.

l'errore
[er'ro:re] *n m*
der Fehler

Ah, non lo chiamerei **errore**. Adesso va di moda così.

Ach, Fehler würde ich das nicht nennen. Das trägt man jetzt so.

corretto, -a
[kor'rɛtto, -a] *adj*
korrekt, fehlerfrei

Come posso camminare in modo **corretto** sulla linea se non c'è nessuna linea?

Wie soll ich fehlerfrei auf der Linie gehen, wenn da gar keine Linie ist?

migliorare
[miʎʎo'ra:re] *v*
(sich) verbessern

Se tu aiuti sempre tuo fratello, non **migliorerà** mai.

Wenn du deinem Bruder immer hilfst, wird er sich nie verbessern.

essere bocciato, -a
['ɛssere bot'tʃa:to, -a] *v*
durchfallen

Sono stato bocciato di nuovo. Non prenderò mai la patente.

Schon wieder durchgefallen. Den Führerschein krieg' ich nie.

l'attenzione
[atten'tsjo:ne] *n f*
die Aufmerksamkeit

Mi aspetto la massima **attenzione** dal mio cane.

Ich erwarte von meinem Hund absolute Aufmerksamkeit.

la formazione
[forma'tsjo:ne] *n*
die Ausbildung

la cura
['ku:ra] *n*
die Sorgfalt

Con auto così vecchie, è necessaria una **cura** particolare.

Bei so alten Autos ist besondere Sorgfalt nötig.

DIE STEIGERUNG VON „GUT"

buono, -a
['bu:ɔno, -a] *adj*
gut

migliore
[miʎ'ʎo:re] *adj*
besser

ottimo, -a
['ɔttimo] *adj*
am besten

bene
['bɛ:ne] *adv*
gut

meglio
['mɛʎʎo] *adv*
besser

benissimo
[be'nissimo] *adv*
am besten

DIE STEIGERUNG VON „SCHLECHT"

cattivo, -a
[kat'ti:vo, -a] *adj*
schlecht

peggiore
[ped'dʒo:re] *adj*
schlechter

pessimo
['pɛssimo] *adj*
am schlechtesten

male
['ma:le] *adv*
schlecht

peggio
['pɛddʒo] *adv*
schlechter

malissimo
[ma'lissimo] *adv*
am schlechtesten

iscriversi
[is'kri:versi] *v*
sich anmelden

Davvero, ti serve mezza giornata per **iscriverti**?

Echt? Einen halben Tag brauchst du, um dich anzumelden?

la **pagella**
[pa'dʒɛlla] *n*
das Zeugnis

Stavo per lanciare in aria anche la **pagella**.

Jetzt hätte ich fast auch mein Zeugnis in die Luft geworfen.

il **voto**
['vo:to] *n*
die Note

Kim ha avuto di nuovo il **voto** più alto di tutti.

Kim hat von allen wieder die beste Note bekommen.

l'**esame**,
la **prova**
[e'za:me] *n m*, ['prɔ:va] *n f*
die Prüfung

Copiare in questo **esame** è molto più difficile.

Abschreiben ist bei dieser Prüfung erheblich schwerer.

difficile
[dif'fi:tʃile] *adj*
schwierig

Da qui la discesa potrebbe diventare **difficile**.

Ab hier könnte der Abstieg schwierig werden.

facile
['fa:tʃile] *adj*
leicht, einfach

La ricetta preferita di Lotte è molto **facile**.

Lottes Lieblingsgericht geht ganz einfach.

ripetere
[ri'pɛ:tere] *v*
wiederholen

Hör auf, alles zu wiederholen!

Hör du auf, alles zu wiederholen!

l'iscrizione
[iskri'tsjo:ne] *n f*
die Anmeldung

la difficoltà
[diffikol'ta] *n*
die Schwierigkeit

semplice
['semplitʃe] *adj*
einfach

il test
[tɛst] *n*
der Test

testare
[tes'ta:re] *v*
testen

Mi diverte immensamente **testare** le auto.

Autos zu testen macht mir einen Höllenspaß.

la lingua
['liŋgua] *n*
die Sprache

Per capire la **lingua** delle api, bisogna conoscere la danza delle api.

Um die Sprache der Bienen zu verstehen, muss man den Bienentanz kennen.

la **lettera**
['lɛttera] *n*
der Buchstabe

Oh no! La mia macchina da scrivere ha solo le **lettere** cirilliche.

Oh, nein! Meine Schreibmaschine hat nur kyrillische Buchstaben.

l'**alfabeto**
[alfa'bɛ:to] *n m*
das Alphabet

Il mio Leon sapeva l'**alfabeto** già a un anno e mezzo!

Mein Leon konnte schon mit eineinhalb das Alphabet!

la **pronuncia**
[pro'nuntʃa] *n*
die Aussprache

Quando Thomas si arrabbia, la sua **pronuncia** diventa incomprensibile.

Wenn sich Thomas ärgert, wird seine Aussprache undeutlich.

tradurre
[tra'durre] *v*
übersetzen

Martin Lutero **ha tradotto** la bibbia in tedesco.

Martin Luther hat die Bibel ins Deutsche übersetzt.

significare
[siɲɲifi'ka:re] *v*
bedeuten

Papà, ma cosa **significa** "trascendenza"?

Papa, was bedeutet eigentlich „Transzendenz"?

il **dizionario**
[ditsjo'na:rjo] *n*
das Wörterbuch

Sempre di aiuto: un **dizionario**.

Schon immer hilfreich: ein Wörterbuch.

il **testo**
['tɛsto] *n*
der Text

La nonna scrive i suoi **testi** già da tempo al computer.

Großmutter schreibt ihre Texte schon lange auf dem Computer.

la **traduzione**
[tradu'tsjo:ne] *n*
die Übersetzung

la **parola**
[pa'rɔ:la] *n*
das Wort

la **frase**
['fra:ze] *n*
der Satz

il **sostantivo**
[sostan'ti:vo] *n*
das Substantiv

il **verbo**
['vɛrbo] *n*
das Verb

l'**aggettivo**
[addʒet'ti:vo] *n m*
das Adjektiv

l'**avverbio**
[av'vɛrbjo] *n m*
das Adverb

la **grammatica**
[gram'ma:tika] *n*
die Grammatik

il **singolare**
[siŋgo'la:re] *n*
die Einzahl

il **plurale**
[plu'ra:le] *n*
die Mehrzahl

il **significato**
[siɲɲifi'ka:to] *n*
die Bedeutung

fare lo spelling di
['fa:re lo 'spɛlliŋg di]
phrase
buchstabieren

telefonare, chiamare
[telefo'na:re], [kja'ma:re] *v*
anrufen

Naturalmente, capo, mi può **telefonare** quando vuole.

Aber natürlich, Chef, Sie können mich jederzeit anrufen.

sentirsi
[sen'tirsi] *v*
telefonieren

il telefono
[te'lɛːfono] *n*
das Telefon

Con il nuovo **telefono**, finalmente ho le mani libere.

Mit dem neuen Telefon habe ich endlich die Hände frei.

comporre
[kom'porre] *v*
wählen

Per sentire un'altra musica d'attesa, **componga** un altro numero.

Für eine andere Warteschleifenmusik wählen Sie eine andere Nummer.

il cellulare
[tʃellu'laːre] *n*
das Mobiltelefon, das Handy

la segreteria telefonica
[segrete'riːa tele'fɔːnika] *n*
der Anrufbeantworter

la telefonata
[telefo'naːta] *n*
der Anruf, das Telefongespräch

il prefisso
[pre'fisso] *n*
die Vorwahl

occupato, -a
[okku'paːto, -a] *adj*
besetzt

richiamare
[rikja'maːre] *v*
zurückrufen

sbagliare numero
[zbaʎ'ʎaːre 'nuːmero] *v*
sich verwählen

il vivavoce
[viːva'voːtʃe] *n*
die Freisprecheinrichtung

il numero di telefono
['nuːmero di te'lɛːfono] *n*
die Telefonnummer

Un attimo, mi segno rapidamente il tuo **numero di telefono**.

Moment, ich notiere nur schnell deine Telefonnummer.

l'e-mail
[i'mɛ:il] *n m/f*
die E-Mail

Dammi, controllo le **e-mail**.
Gib her, ich check die E-Mails.

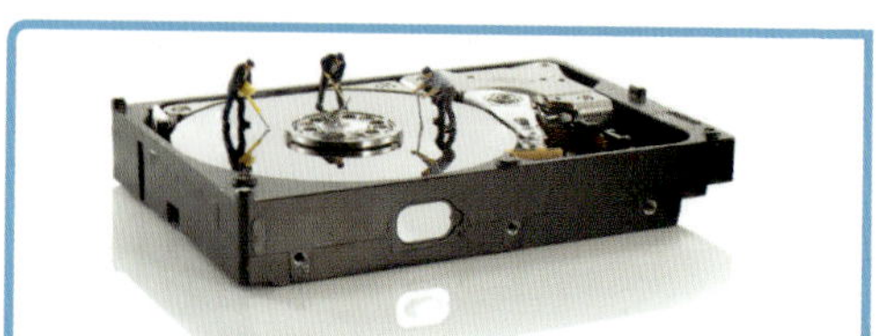

il disco fisso
['disko 'fisso] *n*
die Festplatte

Il **disco fisso** deve essere pulito a fondo.
Die Festplatte muss gründlich gereinigt werden.

Internet
['internɛt] *n m*
das Internet

Quello che **Internet** non trova, non esiste. Vero?

Was das Internet nicht findet, existiert nicht. Oder?

il **wi-fi**
['wa:i 'fa:i] *n*
das WLAN

Ho davvero il **wi-fi** quassù.

Ich hab' tatsächlich WLAN hier oben!

la **stampante**
[stam'pante] *n*
der Drucker

stampare
[stam'pa:re] *v*
(aus)drucken

Un attimo, **sto stampando** un portauovo con una **stampante** 3D.

Einen Moment, ich drucke noch eben einen Eierbecher mit meinem 3-D-Drucker aus.

cliccare
[klik'ka:re] *v*
klicken

Clicchi ora su "spedisci" per addebitare l'importo sul conto.

Klicken Sie jetzt auf „absenden", um den Betrag vom Konto abbuchen zu lassen.

il **cursore**
[kur'so:re] *n*
der Cursor

Si può scrivere dove si trova il **cursore**.

Wo der Cursor steht, darf geschrieben werden.

i dati
['da:ti] *n pl*
die Daten

cancellare
[kantʃel'la:re] *v*
löschen

il programma
[pro'gramma] *n*
das Programm

HAL 2000, starte jetzt das Programm.

Es tut mir leid, Francis, aber ich musste alle Daten löschen.

digitale
[didʒi'ta:le] *adj*
digital

Nessuno mi sa imitare: una chitarra **digitale** ad aria!

Das macht mir keiner nach: digitale Luftgitarre!

copiare
[ko'pja:re] *v*
kopieren

Tommy **copia** solo le opere più conosciute.

Tommy kopiert immer nur die bekannteren Werke.

salvare
[sal'va:re] *v*
sichern, speichern

programmare
[program'ma:re] *v*
programmieren

il file
['fa:il] *n*
die Datei

inserire
[inṣe'ri:re] *v*
einfügen

la lettera
['lɛttera] *n*
der Brief

Se solo questa **lettera** fosse arrivata 200 anni prima!

Wäre dieser Brief nur 200 Jahre früher angekommen!

il codice postale
['kɔːditʃe pos'taːle] *n*
die Postleitzahl

Accidenti, un'altra volta il **codice postale** sbagliato.

So ein Mist. Schon wieder eine falsche Postleitzahl!

la posta
['pɔsta] *n*
die Post

il francobollo
[fraŋko'bollo] *n*
die Briefmarke

Preferisco guardarmi da solo la mia raccolta di **francobolli**.

Meine Briefmarkensammlung sehe ich mir am liebsten alleine an.

la cartolina
[karto'liːna] *n*
die Postkarte

Cartolina orribile, proprio quella giusta per zia Gertrud!

Schreckliche Postkarte – genau die richtige für Tante Gertrud!

mandare, inviare
[invi'aːre], [man'daːre] *v*
schicken, senden

Non fare così. Una volta **mandavamo** i messaggi sempre in questo modo.

Stell dich nicht so an. So haben wir früher immer Nachrichten gesendet.

l'ufficio postale
[uf'fiːtʃo pos'taːle] *n m*
das Postamt

All'**ufficio postale** vendono anche un sacco di cianfrusaglie.

Im Postamt wird aber auch jede Menge Ramsch verkauft.

l'informazione
[informa'tsjo:ne] *n f*
die Information

Dovrebbe avere alcune **informazioni** sul nostro insegnante di sport.

Sie soll gewisse Informationen über unseren Sportlehrer haben.

trasmettere
[traz'mettere] *v*
senden, übertragen

Da ieri **trasmettiamo** con prestazione triplicata.

Seit gestern senden wir mit dreifacher Leistung.

lo **spot**
[spɔt] *n*
der Werbespot

Con uno **spot** pubblicitario di calcio si può vendere qualsiasi cosa.

Mit einem Fußball-Werbespot kann man alles verkaufen.

il **programma**
[pro'gramma] *n*
die Sendung, das Programm

Ancora una volta solo bambini felici nel **programma** per bambini.

Schon wieder nur glückliche Kinder im Kinderprogramm.

la **radio**
['ra:djo] *n*
das Radio

Si chiama **radio** e YouTube non lo sa fare.

Es heißt Radio, und YouTube kann es nicht.

guardare la televisione
[guar'da:re la televi'zjo:ne] *phrase*
fernsehen

La nonna ci lascia **guardare la televisione** fino a tardi.

Oma lässt uns immer ganz lange fernsehen.

la **televisione**
[televi'zjo:ne] *n*
das Fernsehen

In **televisione** la realtà si mescola sempre di più con la finzione.

Im Fernsehen vermischt sich immer mehr Wahrheit mit Fiktion.

il **televisore**
[televi'zo:re] *n*
der Fernseher

la stampa
['stampa] *n*
die Presse

I ragazzi della **stampa** erano naturalmente già tutti lì.

Die Jungs von der Presse waren natürlich schon alle da.

la notizia
[no'ti:tsja] *n*
die Nachricht

Le **notizie** sulle sue dimissioni si sono diffuse in un attimo.

Die Nachrichten über seinen Rücktritt verbreiteten sich im Nu.

il giornale
[dʒor'na:le] *n*
die Zeitung

Il mio **giornale** è ancora umido quando lo ricevo.

Meine Zeitung ist noch feucht, wenn ich sie bekomme.

vero, -a
['veːro, -a] *adj*
wahr

È tutto **vero**, per questo garantisco con la mia buona fama.

Das ist alles wahr, dafür bürge ich mit meinem guten Ruf.

la **verità**
[veri'ta] *n*
die Wahrheit

Lo sapete, nel vino c'è la **verità**.

Sie wissen doch: Im Wein liegt die Wahrheit!

l'**articolo**
[ar'tiːkolo] *n m*
der Artikel

Non basta più scrivere un **articolo**, devo anche filmare …

Einen Artikel zu schreiben reicht nicht mehr, ich muss auch filmen …

la **rivista**
[ri'vista] *n*
die Zeitschrift, die Illustrierte

Ehi, prima deve comprare la **rivista** e poi leggerla.

Hallo? Sie müssen die Zeitschrift erst kaufen, bevor Sie sie lesen.

informare
[infor'maːre] *v*
informieren

Oggi vi **informiamo** sulle elezioni della barzelletta più brutta dell'anno.

Heute informieren wir Sie über die Wahl zum schlechtesten Witz des Jahres.

l'**edizione**
[edit'tsioːne] *n f*
die Ausgabe

In quest'**edizione** antica ha già girato le pagine Umberto Eco.

In dieser alten Ausgabe hat schon Umberto Eco geblättert.

l'**abbonamento**
[abbona'mento] *n m*
das Abonnement

Da quando ho l'**abbonamento**, i giornali si accatastano qui.

Seit ich das Abonnement habe, stapeln sich hier die Zeitungen.

la **professione**
[profes'sjo:ne] *n*
der Beruf

Ah, è la sua **professione**? Si può vivere di questo?

Ach, das ist Ihr Beruf? Kann man denn davon leben?

professionale
[professjo'na:le] *adj*
professionell, beruflich

Sono una bellezza **professionale**.

Ich bin eine berufliche Schönheit.

lavorare
[lavo'ra:re] *v*
arbeiten

Nel fango fino alle ginocchia: questo è **lavorare** per me!

Bis zu den Knien im Dreck: Das nenn' ich arbeiten!

i **vigili del fuoco**
['vi:dʒili del 'fuɔ:ko] *n pl*
die Feuerwehr

Knut vorrebbe essere un **vigile del fuoco**.

Knut wär' gern bei der Feuerwehr.

il **parrucchiere**, la **parrucchiera**
[parruk'kjɛ:re, parruk'kjɛ:ra] *n*
der Friseur, die Friseurin

La **parrucchiera** può esercitarsi su di me.

An mir kann die Friseurin üben.

il **commesso**, la **commessa**
[kom'messo, kom'messa] *n*
der Verkäufer, die Verkäuferin

Ancora una volta qui non si fa vedere un **commesso**.

Hier ist mal wieder kein Verkäufer zu sehen.

il **poliziotto**, la **poliziotta**
[poli'tsjɔtto, poli'tsjɔtta] *n*
der Polizist, die Polizistin

La **poliziotta** cercava di apparire rassicurante.

Die Polizistin versuchte, beruhigend aufzutreten.

l'**avvocato**, l'**avvocata**
[avvo'ka:to, avvo'ka:ta] *n m/f*
der Anwalt, die Anwältin

Faccio la parte dell'**avvocato** in una serie televisiva.

Ich spiele den Anwalt in einer Fernsehserie.

il **posto (di lavoro)**
['posto (di la'vo:ro)] *n*
die Stelle, der Arbeitsplatz

il **lavoro**
[la'vo:ro] *n*
die Arbeit

l'**aggiornamento**
[addʒorna'mento] *n m*
die Fortbildung

il **datore**/la **datrice di lavoro**
[da'to:re/da'tri:tʃe di la'vo:ro] *n*
der Arbeitgeber, die Arbeitgeberin

Il nostro **datore di lavoro** ha un modo molto speciale di motivarci.

Unser Arbeitgeber hat eine ganz spezielle Art zu motivieren.

il **lavoratore**, la **lavoratrice**
[lavora'to:re, lavora'tri:tʃe] *n*
der Arbeitnehmer, die Arbeitnehmerin

il/la **collega**
[kol'lɛ:ga] *n*
der Kollege, die Kollegin

Consegno alla mia **collega** un altro po' di lavoro. Lo fa volentieri.

Ich gebe meiner Kollegin noch ein bisschen Arbeit ab. Sie macht's gern.

assumere
[as'su:mere] *v*
einstellen

Vorremmo **assumer**la come responsabile dei giovani.

Wir möchten Sie gerne als Jugendbeauftragten einstellen.

occupare
[okku'pa:re] *v*
beschäftigen

il **capo**, la **capa**
['ka:po, 'ka:pa] *n*
der Chef, die Chefin

la **direzione**
[dire'tsjo:ne] *n*
die Geschäftsleitung

la **disoccupazione**
[dizokkupa'tsjo:ne] *n*
die Arbeitslosigkeit

l'**occupazione**
[okkupa'tsjo:ne] *n f*
die Anstellung, die Beschäftigung

Non ho trovato un'**occupazione** migliore.

Eine bessere Beschäftigung habe ich nicht gefunden.

il **team**
[tim] *n*
das Team

Un **team** dà sostegno a una persona.

Ein Team gibt einem Halt.

il/la **dirigente**
[diri'dʒɛnte] *n m/f*
der Geschäftsführer, die Geschäftsführerin

Buona contrattazione: se non va bene come **dirigente**, c'è una liquidazione alta.

Gut verhandelt: Wenn er als Geschäftsführer versagt, gibt es eine hohe Abfindung.

il **personale**
[perso'na:le] *n*
das Personal

Cattiva contrattazione: se il dirigente non va bene, il **personale** ha una riduzione dello stipendio.

Schlecht verhandelt: Wenn der Geschäftsführer versagt, gibt es beim Personal Lohnkürzungen.

responsabile
[respon'sa:bile] *adj*
zuständig, verantwortlich

So, Herr Kollege, fürs Zunähen sind jetzt Sie zuständig.

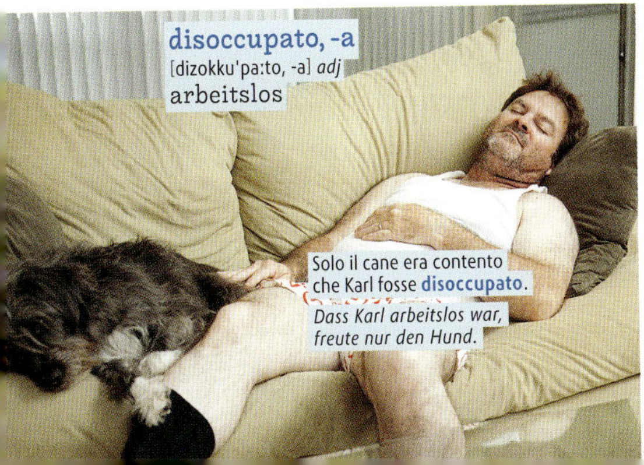

disoccupato, -a
[dizokku'pa:to, -a] *adj*
arbeitslos

Solo il cane era contento che Karl fosse **disoccupato**.

Dass Karl arbeitslos war, freute nur den Hund.

dirigere
[di'ri:dʒere] *v*
leiten

Avete visto bene: IO **dirigo** quest'azienda.

Sie haben schon richtig gesehen: ICH leite diese Firma.

il sindacato
[sinda'ka:to] *n*
die Gewerkschaft

Komm zur Gewerkschaft, hieß es, da kannst du was erleben …

la pausa
['pa:uza] *n*
die Ruhepause

Come funzionario, adesso avrei diritto a una **pausa**.

Als Beamter hätte ich jetzt Anspruch auf eine Ruhepause.

guadagnare
[guadaɲ'ɲa:re] *v*
verdienen

La mia app **guadagna** i soldi per me, io devo solo scorrere.

Meine App verdient für mich das Geld, ich muss nur wischen.

la domanda (di lavoro)
[do'manda (di la'vo:ro)] *n*
die Bewerbung

Maledetta **domanda di lavoro** online!

Vermaledeite Onlinebewerbung!

lo **sciopero**
[ˈʃɔːpero] *n*
der Streik

Aspettare ché lo **sciopero** finisca? Allora possiamo prendere direttamente il treno!

Warten, bis der Streik beendet ist? Da können wir ja gleich Bahn fahren!

la **richiesta**
[riˈkjɛsta] *n*
die Forderung

Se soddisfa la nostre **richieste**, non ci saranno problemi.

Erfüllen Sie unsere Forderungen, dann gibt es keine Probleme.

lo **stipendio**
[stiˈpɛndjo] *n*
das Gehalt

Ho verificato, il mio **stipendio** è al di sotto del salario minimo!

Ich hab' nachgerechnet: Mein Gehalt liegt noch unter dem Mindestlohn!

richiedere, esigere
[riˈkjɛːdere], [eˈziːdʒere] *v*
fordern

guadagnarsi da vivere
[guadaɲˈɲarsi da ˈviːvere]
phrase
seinen Lebensunterhalt verdienen

scioperare
[ʃopeˈraːre] *v*
streiken

la **pensione**
[penˈsjoːne] *n*
die Rente, der Ruhestand

Con la mia misera **pensione**, non mi posso permettere di andare davvero in **pensione**.

Mit meiner kümmerlichen Rente kann ich mir den Ruhestand nicht leisten.

l'ufficio
[uf'fiːtʃo] *n m*
das Büro

Evviva! Nel nuovo **ufficio** ognuno ha la sua **scrivania**.

Hurra! Im neuen Büro hat jeder seinen eigenen Schreibtisch.

la scrivania
[skriva'niːa] *n*
der Schreibtisch

la penna
['penna] *n*
der Stift

Per ogni compito, Mike ha una **penna** diversa.

Für jede Aufgabe hat Mike einen speziellen Stift.

il segretario, la segretaria
[segre'taːrjo, segre'taːrja] *n*
der Sekretär, die Sekretärin

Sicuramente la nostra **segretaria** è una persona comunicativa.

Doch, kommunikativ ist sie, unsere Sekretärin.

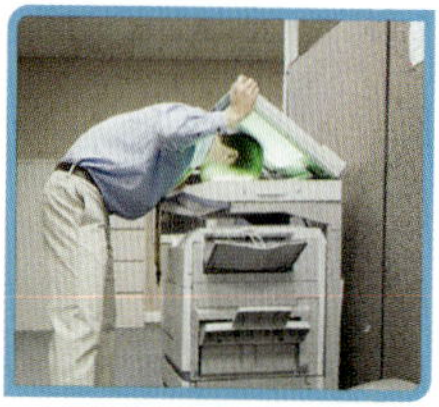

la fotocopiatrice
[fotokopja'triːtʃe] *n*
der Kopierer

Bernhard fa le sue fototessere sempre con la **fotocopiatrice**.

Bernhard macht seine Passbilder immer nur auf dem Kopierer.

i documenti
[doku'menti] *n pl*
die Unterlagen

Da qualche parte fra i **documenti** ci deve essere il menù della pizzeria da asporto.

Irgendwo in den Unterlagen muss die Karte vom Pizzaservice sein.

il biglietto da visita
[biʎ'ʎetto da 'vi:zita] *n*
die Visitenkarte

Sul **biglietto da visita** c'è tutto quello che deve sapere su di me.

Auf der Visitenkarte steht alles, was Sie über mich wissen müssen.

scrivere
['skri:vere] *v*
schreiben

Scrivere a mano fa fluire i pensieri più liberamente.

Mit der Hand zu schreiben lässt die Gedanken freier fließen.

l'agenda
[a'dʒɛnda] *n*
der Terminkalender

In quest'**agenda** c'è qualcosa che non va con il mese di febbraio.

Mit dem Februar in diesem Kalender stimmt etwas nicht.

l'appunto
[ap'punto] *n*
die Notiz

la carta
['karta] *n*
das Papier

La **carta** non può scegliere che cosa viene stampato su di lei.

Papier kann sich nicht aussuchen, womit es bedruckt wird.

la biro
['bi:ro] *n*
der Kugelschreiber

segnare
[seɲ'ɲa:re] *v*
notieren

il foglio
['fɔʎʎo] *n*
das Blatt

il calendario
[kalen'da:rjo] *n*
der Kalender

il cibo
['tʃiːbo] *n pl*
das Essen

Noi non buttiamo via il **cibo**, mangiamo tutto!
Wir werfen kein Essen weg, wir essen alles auf!

mangiare
[man'dʒa:re] *v*
essen

Luca riesce già a **mangiare** da solo.

Luca kann schon alleine essen.

la **fame**
['fa:me] *n*
der Hunger

Il piccolo bruco continuava ad avere **fame**.

Die kleine Raupe hatte immer noch Hunger.

bere
['be:re] *v*
trinken

Il pomeriggio Akono **beve** davvero tanto. Alza il gomito.

Nachmittags trinkt Akono eine Menge. Er trinkt richtig einen über den Durst.

la **sete**
['se:te] *n*
der Durst

Camminavo e camminavo e cercavo di dimenticare la **sete**.

Ich ging weiter und weiter und versuchte, meinen Durst zu vergessen.

avere fame
[a've:re 'fa:me] *phrase*
hungrig sein

avere sete
[a've:re 'se:te] *phrase*
durstig sein

il **pasto**
['pasto] *n*
die Mahlzeit

i **(generi) alimentari**
[('dʒɛ:neri) alimen'ta:ri] *n pl*
die Lebensmittel

l'**appetito**
[appe'ti:to] *n m*
der Appetit

L'antipasto è troppo poco comparato al suo **appetito** …

Die Vorspeise ist viel zu wenig, gemessen an seinem Appetit …

Salute!
[sa'lu:te] *interj*
Prost!

Finalmente il capo si è arreso. **Salute!**

Endlich: Der Chef hat aufgegeben. Prost!

piccante
[pik'kante] *adj*
scharf

Non prenderli tutti, non mi piace tanto **piccante**.

Nimm nicht alle, ich mag es nicht so scharf.

acido, -a
aspro, -a
['a:tʃido, -a], ['aspro, -a] *adj*
sauer

Questo limone non è così **acido**.

Diese Zitrone ist nicht so sauer.

dolce
['doltʃe] *adj*
süß

Sono tanto **dolci** quanto pericolosi.

Sie sind so süß wie gefährlich.

sapere di
[sa'pe:re di] *v*
schmecken nach

Ich bleibe dabei: Diese Suppe schmeckt nach nichts.

bollire
[bol'li:re] *v*
kochen

Qui la natura **bolle** la sua acqua.

Hier kocht die Natur ihr Wasser.

cucinare
[kutʃi'na:re] *v*
kochen

Di sabato imparo a **cucinare** con mia sorella.

Samstags lerne ich mit meiner Schwester kochen.

tagliare
[taʎ'ʎa:re] *v*
schneiden

Questa sega **taglia** il legno duro come se fosse burro.

Diese Säge schneidet Hartholz wie Butter.

surgelato, -a
[surdʒe'la:to, -a] *adj*
tiefgekühlt, Tiefkühl-

Il problema con la frutta **surgelata** è che i denti fanno male quando la si morde.

Das Problem bei tiefgekühltem Obst ist, dass die Zähne beim Beißen wehtun.

fresco, -a
['fresko, -a] *adj*
frisch

squisito, -a
[skui'zi:to, -a] *adj*
köstlich

preparare
[prepa'ra:re] *v*
zubereiten

riscaldare
[riskal'da:re] *v*
warm machen

crudo, -a
['kru:do, -a] *adj*
roh

Faccio la dieta paleolitica: tutto **crudo**, ma con stile.

Ich mache die Steinzeit-Diät: alles roh, aber mit Stil.

cotto, -a
['kɔtto, -a] *adj*
gar

Certo che i funghi sono caldi, altrimenti non sarebbero **cotti**.

Natürlich sind die Pilze heiß, sonst wären sie ja nicht gar.

il pane
['pa:ne] *n*
das Brot

Non mi fido di questo fornaio, faccio il mio **pane** da solo.

Ich traue diesem Bäcker nicht – ich mach' mein Brot selber.

il pezzo
['pɛttso] *n*
das Stück

Ah no, per favore un **pezzo** molto piccolo!

Ach nein, bitte nur ein ganz kleines Stück!

il riso
['ri:so] *n*
der Reis

Con il tartufo, del semplice **riso** diventa haute cuisine.

Mit Trüffeln wird simpler Reis zur Haute Cuisine.

la pasta
['pasta] *n*
die Nudeln

In Giappone si può mangiare la **pasta** anche facendo rumore.

In Japan darf man die Nudeln auch schlürfen.

Die Grundbedeutung von pasta ist „Teig". Das erklärt, warum sowohl Nudeln als auch ein Gebäckstück pasta heißen.

il biscotto
[bis'kɔtto] *n*
der Keks

la fetta
['fetta] *n*
die Scheibe, das Stück

il panino
[pa'ni:no] *n*
das Brötchen

la torta
['torta] *n*
der Kuchen, die Torte

Come? Le nostre **torte** non le piacciono?

Wie bitte? Unsere Kuchen schmecken Ihnen nicht?

la **verdura**
[ver'du:ra] *n*
das Gemüse

Verdure di tutto il mondo, unitevi!

Gemüse aller Länder, vereinigt euch!

la **carota**
[ka'rɔ:ta] *n*
die Möhre, die Karotte

la **patata**
[pa'ta:ta] *n*
die Kartoffel

il **cetriolo**
[tʃetri'ɔ:lo] *n*
die Gurke

il **mais**
['ma:is] *n*
der Mais

il **peperone**
[pepe'ro:ne] *n*
die Paprika

il **pomodoro**
[pomo'dɔ:ro] *n*
die Tomate

I **pomodori** rossi questa sera finiscono nell'insalata.

Die roten Tomaten landen heute Abend im Salat.

la **cipolla**
[tʃi'polla] *n*
die Zwiebel

Odio tagliare le **cipolle**.

Ich hasse es, Zwiebeln zu schneiden.

l'**oliva**
[o'li:va] *n f*
die Olive

Mescolato o agitato? È uguale, l'importante sono le **olive**.

Gerührt oder geschüttelt? Egal, Hauptsache mit Olive.

la frutta
['frutta] *n*
die Frucht, das Obst

Bisognerebbe lavare la **frutta** prima di mangiarla.

Man soll das Obst erst waschen, bevor man es isst.

la pera
['pe:ra] *n*
die Birne

la fragola
['fra:gola] *n*
die Erdbeere

la mela
['me:la] *n*
der Apfel

l'uva
['u:va] *n f*
die Trauben

il limone
[li'mo:ne] *n*
die Zitrone

l'arancia
[a'rantʃa] *n f*
die Orange

la pesca
['pɛska] *n*
der Pfirsich

La **pesca** mi ricorda la pelle di Helga 60 anni fa.

Der Pfirsich erinnert mich an Helgas Haut von vor 60 Jahren.

la ciliegia
[tʃi'ljɛ:dʒa] *n*
die Kirsche

Niente di meglio di una **ciliegia** o di un'amarena per decorare una torta.

Nichts besser als eine Kirsche oder eine Sauerkirsche, um einen Kuchen zu dekorieren.

la banana
[ba'na:na] *n*
die Banane

Sbuccio tranquillamente le **banane** con mani e piedi.

Bananen schäle ich locker mit Händen und Füßen.

la **carne**
['karne] *n*
das Fleisch

Ti dico subito se questa **carne** si può ancora mangiare.

Ich kann dir gleich sagen, ob man das Fleisch noch essen kann.

il **maiale**
[ma'ja:le] *n*
das Schweinefleisch

Carne di **maiale**? Vi preghiamo di tagliare lungo le linee.

Schweinefleisch? Bitte entlang der Linien ausschneiden.

il **pollo**
['pollo] *n*
das Hühnchen

Bene che non dobbiamo spennare da soli il nostro **pollo**.

Gut, dass wir unser Hühnchen nicht selber rupfen müssen.

il **manzo**
['mandzo] *n*
das Rindfleisch

Quando la nonna prepara la carne di **manzo**, mi dimentico della dieta paleolitica.

Wenn Oma Rindfleisch zubereitet, vergesse ich die Steinzeit-Diät.

il **vitello**
[vi'tɛllo] *n*
das Kalbfleisch

la **pancetta**
[pan'tʃetta] *n*
der Speck

il **salame**
[sa'la:me] *n*
die Salami

il **prosciutto**
[proʃ'ʃutto] *n*
der Schinken

la **bistecca**
[bis'tekka] *n*
das Steak

Fuori marrone e dentro rossa, così mi piace la mia **bistecca**!

Außen braun und innen rot, so mag ich mein Steak!

la **salsiccia**
[sal'sittʃa] *n*
das Würstchen

Ogni volta che compro le **salsicce** per il grill, esagero un po'.

Immer wenn ich Würstchen für die Grillparty kaufe, übertreibe ich es ein bisschen.

l'aceto
[a'tʃe:to] *n m*
der Essig

Quest'**aceto** è invecchiato per più di dodici anni nella botte.

Dieser Essig ist über zwölf Jahre im Fass gereift.

l'olio
['ɔ:ljo] *n m*
das Öl

La mia auto va sicuramente anche con l'**olio** per l'insalata.

Mein Auto fährt sicher auch mit Salatöl.

il salmone
[sal'mo:ne] *n*
der Lachs

Il **salmone** si è sbagliato paurosamente nella valutazione del suo salto.

Der Lachs hatte sich bei seinem Sprung katastrophal verschätzt.

il gamberetto
[gambe'retto] *n*
die Garnele

Il **gamberetto** è il signore indiscusso dell'acquario.

Die Garnele ist die unangefochtene Herrin des Aquariums.

il tonno
['tonno] *n*
der Thunfisch

La fine miserabile di un **tonno** una volta orgoglioso.

Das armselige Ende eines ehemals stolzen Thunfischs.

il **latte**
['latte] *n*
die Milch

Questo è il **latte** più buono.

So schmeckt mir die Milch am besten.

la **panna**
['panna] *n*
die Sahne

Tanta **panna** o niente torta!

Entweder richtige Sahne oder gar keine Torte!

il **burro**
['burro] *n*
die Butter

Burro e sale, non mi serve nient'altro sul pane.

Butter und Salz – mehr brauch' ich nicht aufs Brot.

il **formaggio**
[for'maddʒo] *n*
der Käse

L'odore del **formaggio** disturba soltanto all'inizio.

Der Geruch nach Käse stört einen nur am Anfang.

il **sale**
['saːle] *n*
das Salz

Qui c'è abbastanza **sale** per il tuo uovo della colazione: serviti senza far complimenti.

Hier ist genug Salz für dein Frühstücksei: Bedien dich einfach.

l'**uovo**
['uɔːvo] *n m*
das Ei

Spaccare bene un **uovo** è davvero un'arte.

Ein Ei richtig aufzuschlagen ist eine Kunst.

il **tuorlo**
['tuɔrlo] *n*
das Eigelb

l'**albume**
[al'buːme] *n m*
das Eiweiß

la caramella
[kara'mɛlla] *n*
das Bonbon

Per favore, solo **caramelle** rosa per me!

Bitte nur rosa Bonbons für mich!

il gelato
[dʒe'la:to] *n*
das Eis

Lisa vorrebbe anche dei pezzetti colorati sul suo **gelato**.

Lisa hätte auch gern bunte Stückchen auf ihrem Eis.

la marmellata
[marmel'la:ta] *n*
die Marmelade

Servitevi. Tutte le **marmellate** sono fatte in casa.

Greifen Sie zu! Alle Marmeladen sind hausgemacht.

lo zucchero
['tsukkero] *n*
der Zucker

Devi sempre rovesciare lo **zucchero**?

Musst du den Zucker immer umwerfen?

il cioccolato
[tʃokko'la:to] *n*
die Schokolade

La cascata di **cioccolato**: il grande fenomeno ai compleanni dei bambini.

Schokolade in Kaskaden: der Hit auf jedem Kindergeburtstag.

il miele
['mjɛ:le] *n*
der Honig

Non mi piace lo zucchero, prendo solo **miele** fresco.

Ich mag keinen Zucker, ich nehme nur frischen Honig!

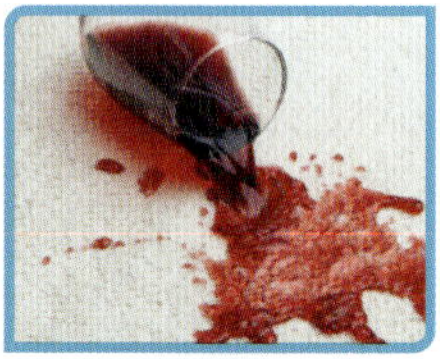

la bevanda
[be'vanda] *n*
das Getränk

Per Martina d'ora in poi ci sono soltanto **bevande** incolori.

Für Marina gibt es nur noch farblose Getränke.

il vino
['vi:no] *n*
der Wein

Chi vuole avere del **vino**, deve schiacciare l'uva.

Wer Wein haben will, muss die Trauben kaputt machen.

la birra
['birra] *n*
das Bier

He, Finger weg von meinem Bier!

l'alcol
['alkol] *n m*
der Alkohol

la bottiglia
[bot'tiʎʎa] *n*
die Flasche

Su questa **bottiglia** non ci sono indicazioni sul prodotto ...

Auf dieser Flasche stehen keine Angaben zum Produkt ...

il tè
[tɛ] *n*
der Tee

Per questo modo di bere il **tè**, deve prendersi tempo.

Für diese Art, Tee zu trinken, müssen Sie sich Zeit nehmen.

Wenn man nur **tè** sagt, meint man grundsätzlich schwarzen Tee; Kräutertee heißt **tisana**.

il caffè
[kaf'fɛ] *n*
der Kaffee

Nella pubblicità le bollicine sul **caffè** sono fatte con il detersivo.

In der Werbung machen sie die Bläschen auf dem Kaffee mit Spülmittel.

il cubetto di ghiaccio
[ku'betto di 'gjattʃo] *n*
der Eiswürfel

I **cubetti di ghiaccio** sono la variante povera di calorie del gelato.

Eiswürfel sind die kalorienarme Variante von Eiscreme.

l'acqua minerale
['akkua mine'ra:le] *n f*
das Mineralwasser

Non esco di casa senza una bottiglia di **acqua minerale**.

Ohne eine Flasche Mineralwasser gehe ich nicht aus dem Haus.

il ristorante
[risto'rante] *n*
das Restaurant

Al **ristorante** si deve mantenere la qualità anche se ci sono molte ordinazioni.

Im Restaurant muss man auch bei vielen Bestellungen die Qualität halten.

il **cameriere**
[kame'rjɛ:re] *n*
der Kellner, der Ober

Ehi! signor **cameriere**!
Hallooooo! Herr Ober!

la **mancia**
['mantʃa] *n*
das Trinkgeld

Questa dovrebbe essere una **mancia**?
Das soll ein Trinkgeld sein?

la **cameriera**
[kame'rjɛ:ra] *n*
die Bedienung, die Kellnerin

il **menù**
[me'nu] *n*
die Speisekarte

Non è sul **menù**, ma potrei chiederLe…
Es steht nicht auf der Speisekarte, aber dürfte ich Sie bitten …

solo, solamente
['so:lo], [sola'mente] *adv*
nur

… anche io ho **solo** poca fame.
… ich hab' ja auch nur wenig Hunger.

il **conto**
['konto] *n*
die Rechnung

Questo deve essere il **conto** del tavolo accanto.
Das muss die Rechnung für den Nebentisch sein.

pagare
[pa'ga:re] *v*
bezahlen

L'**ho pagata** per il suo lavoro, adesso scompaia!
Ich habe Sie für Ihren Job bezahlt, jetzt verschwinden Sie!

il **bar**
[baɾ] *n*
das Café

Martha era contenta che Inge non le facesse una scenata al **bar**.

Martha war froh, dass Inge ihr im Café keine Szene machte.

il **dessert**
[des'sɛɾ] *n*
die Nachspeise

Dividiamoci il **dessert**: per te la foglia di menta.

Lass uns den Nachtisch teilen: Du kriegst das Minzeblättchen.

la **pasticceria**
[pastittʃe'ri:a] *n*
die Konditorei

Frustrazione da shopping? In **pasticceria** trovi sempre qualcosa.

Shopping-Frust? In der Konditorei findest du immer etwas.

la **pizzeria**
[pittse'ri:a] *n*
die Pizzeria

la **gelateria**
[dʒelate'ri:a] *n*
die Eisdiele, das Eiscafé

la **birreria**
[birre'ri:a] *n*
das Bierlokal

la **paninoteca**
[panino'tɛ:ka] *n*
die Snackbar

il **menù**
[me'nu] *n*
das Menü

Mamma mia! Il **menù** consiste di 19 portate.

Oh Gott, das Menü besteht aus 19 Gängen.

il **piatto**
['pjatto] *n*
das Gericht

la **specialità**
[spetʃali'ta] *n*
die Spezialität

Questa **specialità** mi va giù solo con una grappa.

Diese Spezialität bekomme ich nur mit einem Schnaps runter.

la **minestra**
[mi'nɛstra] *n*
die Suppe

Minestra per 40 persone – è davvero un lavoro duro.

Suppe für 40 Mann – das ist ein echter Kraftakt.

le **patatine fritte**
[pata'ti:ne 'fritte] *n*
die Pommes frites

Questi inglesi: aceto sulle **patatine fritte**!

Diese Engländer: Essig auf die Pommes frites!

l'**antipasto**
[anti'pasto] *n m*
die Vorspeise

il **primo**
['pri:mo] *n*
der erste Gang

il **secondo**
[se'kondo]*n*
der zweite Gang

il **tramezzino**, il **panino**
[tramed'dzi:no], [pa'ni:no] *n*
das Sandwich

la **frittata**
[frit'ta:ta] *n*
das Omelett

Semifinale dei campionati mondiali di preparazione della **frittata**.

Halbfinale bei der Weltmeisterschaft im Omelettzubereiten.

la **colazione**
[kola'tsjo:ne] *n*
das Frühstück

Dopo la **colazione** mi mostri finalmente la tua collezione di francobolli?

Zeigst du mir nach dem Frühstück endlich deine Briefmarkensammlung?

prenotare
[preno'ta:re] *v*
reservieren

Le **prenoto** volentieri la suite Caligola.

Gerne reserviere ich Ihnen die Caligula-Suite.

il **pranzo**
['prandzo] *n*
das Mittagessen

Tanja si gode il **pranzo** con André.

Tanja genießt das gemeinsame Mittagessen mit André.

fare colazione
['fa:re kola'tsjo:ne] *phrase*
frühstücken

pranzare
[pran'dza:re] *v*
zu Mittag essen

cenare
[tʃe'na:re] *v*
zu Abend essen

il **coperto**
[ko'pɛrto] *n*
das Gedeck

apparecchiare
[apparek'kja:re] *v*
(den Tisch) decken

Apparecchiare i tavoli per me è quasi come meditare.

Wenn ich die Tische decke, ist das fast wie eine Meditation.

la **cena**
['tʃe:na] *n*
das Abendessen

Amore, sbrigati con la **cena**, arriva l'alta marea.

Schatzi, beeil dich mit dem Abendessen, die Flut kommt.

pieno, -a
['pjɛːno, -a] *adj*
voll

Non appena c'è la luna **piena**, mi spuntano i peli e mi si allungano i denti.

Kaum wird der Mond voll, sprießen mir die Haare und wachsen mir die Zähne.

vuoto, -a
['vuɔːto, -a] *adj*
leer

Tutte le mattine dobbiamo portare via le bottiglie **vuote**.

Jeden Morgen müssen wir die leeren Flaschen wegbringen.

senza
['sɛntsa] *prep*
ohne

Io bevo il mio caffè **senza** zucchero …

Ich trinke meinen Kaffee ohne Zucker …

con
[kon] *prep*
mit

… anche se in questo è meglio **con**.

… obwohl, bei diesem hier doch lieber mit.

Buon divertimento!
[buɔn diverti'mento] *phrase*
Viel Spaß!

Preferisco restare a casa.
A voi, **buon divertimento**!

Ich bleibe besser zu Hause.
Euch viel Spaß!

uscire
[uʃ'ʃiːre] *v*
ausgehen

War eine gute Idee, mit Heidi auszugehen. Das verspricht amüsant zu werden.

divertente
[diver'tɛnte] *adj*
amüsant, lustig

il **regalo**
[re'gaːlo] *n*
das Geschenk

Un **regalo**? Per me? Grazie nonna!

Ein Geschenk? Für mich? Danke, Omi!

il **compleanno**
[komple'anno] *n*
der Geburtstag

È il suo compleanno, ma non è del tutto **contenta**.

Sie hat Geburtstag, aber so richtig freuen kann sie sich nicht.

ubriaco, -a
[ubri'aːko, -a] *adj*
betrunken

Alla fine della festa di Helen eravamo tutti **ubriachi**.

Am Ende von Helens Party waren wir alle betrunken.

congratularsi
[koŋgratu'larsi] *v*
gratulieren, beglückwünschen

Mi congratulo per la sua laurea in jodel!

Ich gratuliere zum Jodeldiplom!

la **festa**
['fɛsta] *n*
das Fest, die Party

La morte si infiltrò in incognito alla **festa** di Halloween di Anton.

Unerkannt schlich sich der Tod auf Antons Halloween-Party.

divertirsi
[diver'tirsi] *v*
sich amüsieren

il ballo
['ballo] *n*
der Tanz

celebrare
[tʃele'bra:re] *v*
feiern

fare ridere
['fa:re 'ri:dere] *v*
zum Lachen bringen

l'**arte**

['arte] *n f*

die Kunst

Ci sono cose che solo l'**arte** sa comunicare.

Es gibt Dinge, die nur die Kunst vermitteln kann.

il quadro
['kua:dro] *n*
das Gemälde, das Bild

Ma dimmi, è una foto o un **quadro**?

Sag mal, ist das ein Foto oder ein Gemälde?

l'atelier
[ate'lje] *n m*
das Atelier

Zio Gustav paga l'affitto per l'**atelier** di Amélie.

Die Miete für Amelies Atelier bezahlt Onkel Gustav.

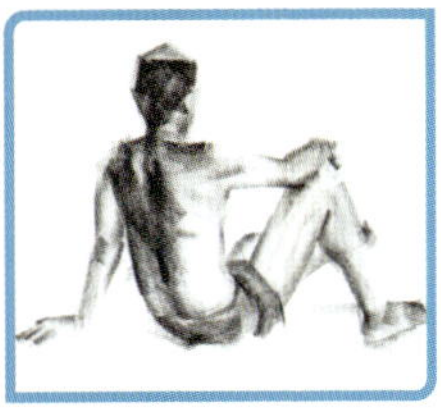

disegnare
[diseɲ'ɲa:re] *v*
zeichnen

A Larry piace **disegnare** il suo amico.

Larry liebt es, seinen Freund zu zeichnen.

la galleria
[galle'ri:a] *n*
die Galerie

La **galleria** quel giorno ha fatto la metà del fatturato annuale.

Die Galerie machte an diesem Tag den halben Jahresumsatz.

Così si rende arte **moderna** una figura **antica**.

So wird aus einer antiken Figur moderne Kunst.

moderno, -a
[mo'dɛrno, -a] *adj*
modern

antico, -a
[an'ti:ko, -a] *adj*
antik, alt

il dipinto
[di'pinto] *n*
das Gemälde

dipingere
[di'pindʒere] *v*
malen

mostrare
[mos'tra:re] *v*
zeigen

la mostra
['mostra] *n*
die Ausstellung

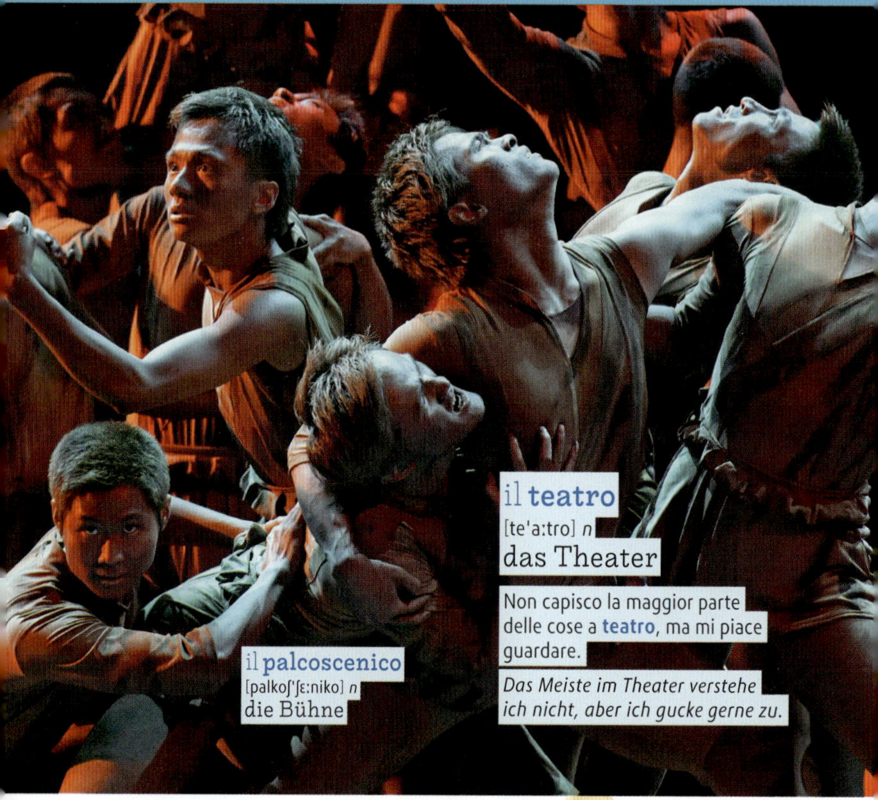

il **teatro**
[te'a:tro] *n*
das Theater

Non capisco la maggior parte delle cose a **teatro**, ma mi piace guardare.

Das Meiste im Theater verstehe ich nicht, aber ich gucke gerne zu.

il **palcoscenico**
[palkoʃ'ʃɛ:niko] *n*
die Bühne

il **film**
[film] *n*
der Film

Basta con Hollywood. Adesso faccio il mio **film**.

Schluss mit Hollywood. Ich mach' jetzt meinen eigenen Film.

il **cinema**
['tʃi:nema] *n*
das Kino

Al **cinema** almeno mangia abbastanza.

Im Kino isst sie wenigstens genug.

l'**opera teatrale**
['ɔ:pera tea'tra:le] *n f*
das (Theater)Stück

lo **spettacolo**
[spet'ta:kolo] *n*
die Vorstellung

mettere in scena
['mettere in 'ʃɛ:na] *phrase*
inszenieren

la **trama**
['tra:ma] *n*
die Handlung

il libro
['li:bro] *n*
das Buch

Avevo la sensazione che il **libro** mi cambiasse.

Ich hatte das Gefühl, dass das Buch mich veränderte.

leggere
['lɛddʒere] *v*
(vor)lesen

Solo lo scanner qui può **leggere** i prezzi.

Nur der Scanner kann hier die Preise lesen.

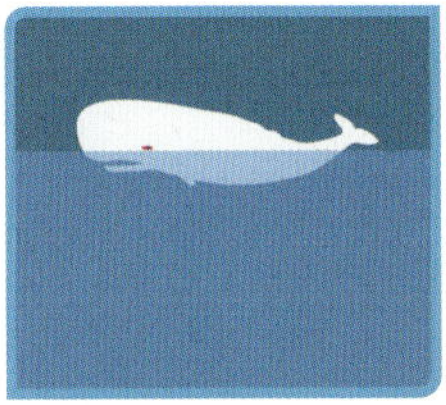

il romanzo
[ro'mandzo] *n*
der Roman

Come si chiamava quel **romanzo** con la balena?

Wie hieß noch mal dieser Roman mit dem Wal?

la biblioteca
[bibljo'tɛ:ka] *n*
die Bücherei, die Bibliothek

Dopo di che a Jamie fu proibito di entrare nella **biblioteca**.

Jamie bekam daraufhin Hausverbot in der Bücherei.

la favola
['fa:vola] *n*
das Märchen

Il re avrebbe voluto tanto vivere in una **favola**.

Der König hätte am liebsten in einem Märchen gelebt.

il lettore, la lettrice
[let'to:re, let'tri:tʃe] *n*
der Leser, die Leserin

il titolo
['ti:tolo] *n*
der Titel

la storia
['stɔ:rja] *n*
die Geschichte

il racconto
[rak'konto] *n*
die Erzählung

la **musica**
['mu:zika] *n*
die Musik

Hey, die Kinder haben echt ein Gefühl für Musik.

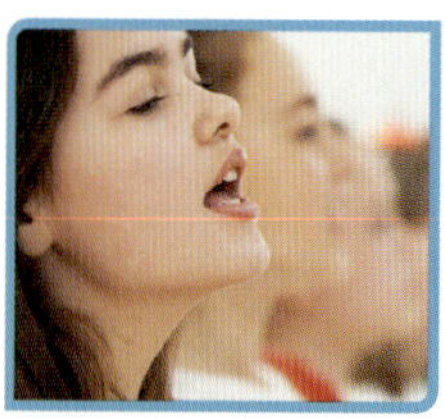

la **voce**
['vo:tʃe] *n*
die Stimme

Incredibile quel che riesce a fare con la sua **voce**.

Unglaublich, was sie mit ihrer Stimme vermag.

il **concerto**
[kon'tʃɛrto] *n*
das Konzert

Fu il **concerto** più bello della sua vita.

Das war das tollste Konzert seines Lebens.

l'**opera**
['ɔ:pera] *n f*
die Oper, das Werk

In quest'**opera** non capisco assolutamente il testo.

In dieser Oper verstehe ich den Text überhaupt nicht.

cantare
[kan'taːre] *v*
singen

Gudrun **cantò** la Brünnhilde con grande fervore.

Gudrun sang die Brünnhilde voll Inbrunst.

l'**impianto stereo**
[im'pjanto 'stɛːreo] *n m*
die Stereoanlage

Sai ancora come si usa questo **impianto stereo**?

Kennst du dich noch mit so Stereoanlagen aus?

l'**altoparlante**
[altopar'lante] *n m*
der Lautsprecher

Uno di questi **altoparlanti** dovrebbe funzionare ancora.

Einer dieser Lautsprecher müsste doch funktionieren.

la **canzone**
[kan'tsoːne] *n*
das Lied

Ho scritto una **canzone** per te. Torni da me?

Ich habe dir ein Lied geschrieben. Kommst du zu mir zurück?

piano
['pjaːno] *adv*
leise

Quando la responsabile medita, dobbiamo tutti parlare **piano**.

Wenn die Chefin meditiert, müssen wir alle leise sprechen.

forte
['fɔrte] *adj*
laut

Il mio strumento fa sicuramente il rumore più **forte**.

Mein Instrument ist sicher das lauteste.

la **batteria**
[batte'ri:a] *n*
das Schlagzeug

La **batteria** mi imbellisce i capelli.

Mein Schlagzeug macht mir die Haare schön.

la **chitarra**
[ki'tarra] *n*
die Gitarre

Non ha mai voluto fare il contadino, ha sempre solo voluto suonare la **chitarra**.

Nie wollte er Bauer werden, er wollte immer nur Gitarre spielen.

il **tamburo**
[tam'bu:ro] *n*
die Trommel

Il **tamburo** comincia a darmi sui nervi.

Die Trommel geht mir langsam auf die Nerven.

lo **strumento**
[stru'mento] *n*
das Instrument

Probabilmente devo imparare un altro **strumento**.

Ich muss wahrscheinlich noch ein anderes Instrument lernen.

il **pianoforte**
[pjano'fɔrte] *n*
das Klavier

Quando Walter suona il **pianoforte**, Waldi è il suo critico più severo.

Wenn Walter Klavier spielt, ist Waldi sein schärfster Kritiker.

alto, -a
['alto, -a] *adj*
hoch

All'**alto** cinguettare del pettazzurro …

Auf das hohe Zwitschern des Blaukehlchens …

il **negozio**
[ne'gɔːtsjo] *n*
das Geschäft, der Laden

Non voglio sapere cosa pagano qui i **negozi** di affitto.

Ich möchte nicht wissen, was die Läden hier an Miete zahlen.

Incredibile quello che in questa **libreria** viene considerato libro per ragazzi …

la libreria
[libre'ri:a] *n*
die Buchhandlung

Tss, was man in dieser Buchhandlung so alles unter Kinderbüchern versteht …

il mercato
[mer'ka:to] *n*
der Markt

In questo tipo di **mercato** regna ancora l'economia reale.

Auf dieser Art von Markt herrscht noch Realwirtschaft.

il panificio
[pani'fi:tʃo] *n*
die Bäckerei

Nel mio **panificio** non c'è pane integrale! Basta!

In meiner Bäckerei gibt es kein Vollkornbrot! Basta!

il grande magazzino
['grande magad'dzi:no] *n*
das Kaufhaus

Ma i giocattoli in questo **grande magazzino** sono in alto …

Die Spielsachen sind aber in diesem Kaufhaus ganz oben …

il supermercato
[supermer'ka:to] *n*
der Supermarkt

Sono al **supermercato**. Hai bisogno di qualcosa?

Ich bin gerade im Supermarkt. Brauchst du was?

il negozio di alimentari
[ne'gɔ:tsjo di alimen'ta:ri] *n*
das Lebensmittelgeschäft

il negozio di scarpe
[ne'gɔ:tsjo di 'skarpe] *n*
das Schuhgeschäft

il negozio di abbigliamento
[ne'gɔ:tsjo di abbiʎʎa'mento] *n*
das Bekleidungsgeschäft

la borsa della spesa
['borsa 'della 'spe:sa] *n*
die Einkaufstasche

Che cos'hai nella tua **borsa della spesa**? – In quale?

Was hast du in deiner Einkaufstasche? – In welcher?

comprare
[kom'pra:re] *v*
kaufen

No, Lennart, i bambini non si **comprano** al supermercato.

Nein, Lennart, man kauft Kinder doch nicht im Supermarkt.

chiuso, -a
['kju:so, -a] *adj*
geschlossen

aperto, -a
[a'pɛrto, -a] *adj*
geöffnet, offen

Perché questa finestra rimane più tempo **chiusa** che **aperta**?

Warum ist dieses Fenster länger geschlossen als geöffnet?

vendere
['vendere] *v*
verkaufen

Molto discretamente Christina **vendeva** i suoi gioielli di nozze.

Ganz diskret verkaufte Christina ihren Hochzeitsschmuck.

la lista della spesa
['lista 'della 'spe:sa] *n*
der Einkaufszettel

La **lista della spesa** di Tanja è digitale, perché così non la perde.

Tanjas Einkaufszettel ist digital, weil sie ihn so nicht verliert.

scegliere
['ʃeʎʎere] *v*
aussuchen, wählen

Bisogna **sceglier**si attentamente gli amici.

Man muss sich seine Freunde sorgfältig aussuchen.

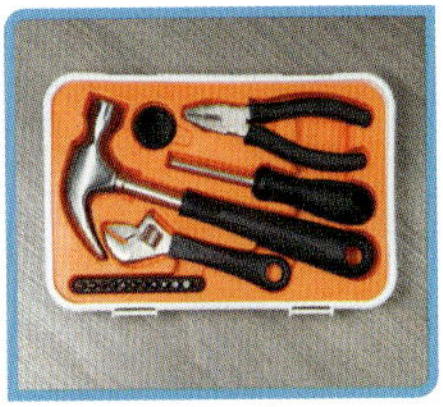

completo, -a
[kom'plɛːto,-a] *adj*
vollständig

Piccolo ma **completo**!

Klein, aber vollständig!

tutto venduto
['tutto ven'duːto] *phrase*
ausverkauft

Contro ogni aspettativa, il pane integrale era già stato **tutto venduto**.

Das Vollkornbrot war wider Erwarten ausverkauft.

nuovo, -a
['nuɔːvo, -a] *adj*
neu

La mia **nuova** auto. Tra poco. Sto già cominciando a mettere da parte i soldi.

Mein neues Auto. Bald. Ich fange schon an zu sparen.

usato, -a
[u'zaːto, -a] *adj*
gebraucht, Gebraucht-

Qui ci sono perfino lampadine **usate**!

Hier gibt's sogar gebrauchte Glühbirnen!

servire
[ser'viːre] *v*
bedienen

la **vendita**
['vendita] *n*
der Verkauf

l'**acquisto**
[ak'kuisto] *n m*
der Kauf

l'**offerta (speciale)**
[of'fɛrta (spe'tʃaːle)] *n f*
das Angebot

a buon mercato
[a buɔn mer'ka:to] *adj*
billig, günstig

A Roma per fortuna avevamo trovato un hotel **a buon mercato**.

In Rom hatten wir Gott sei Dank ein billiges Hotel gefunden.

il **reclamo**
[re'kla:mo] *n*
die Reklamation

Victoria fa di nuovo il suo vecchio gioco del **reclamo**.

Victoria zieht wieder ihr altes Spiel mit der Reklamation ab.

caro, -a
['ka:ro, -a] *adj*
teuer

War deine Nasen-OP auch so teuer?

la **coda**
['ko:da] *n*
die (Warte)Schlange

Al bagno degli uomini c'era di nuovo una lunga **coda**.

An der Herrentoilette war wieder mal eine lange Schlange.

costare
[kos'ta:re] *v*
kosten

fare reclamo
['fa:re re'kla:mo] *phrase*
reklamieren

Quanto costa?
['kuanto 'kɔsta] *phrase*
Was kostet das?

la **ricevuta**
[ritʃe'vu:ta] *n*
die Quittung, der Beleg

spendere
['spɛndere] *v*
ausgeben

Vuole davvero **spendere** tutte le pepite d'oro in sapone?

Wollen Sie wirklich alle Gold-Nuggets für Seife ausgeben?

il **prezzo**
['prɛttso] *n*
der Preis

Aspetta che grandini, poi scende il **prezzo**.

Warte bis es hagelt, dann sinkt der Preis.

cambiare
[kam'bja:re] *v*
umtauschen

Vorrei **cambiare** questi euro, non mi piace il colore.

Ich möchte diese Euros umtauschen – die Farbe gefällt mir nicht.

la **cassa**
['kassa] *n*
die Kasse

Gentili clienti, la **cassa** 17 chiude. Vi preghiamo di non mettere nient'altro.

Verehrte Kunden, Kasse 17 schließt. Bitte nichts mehr auflegen.

SPORT & HOBBYS

lo sport
[spɔrt] *n*
der Sport

Lo **sport** è la mia vita.
Sport ist mein ganzes Leben.

allenarsi
[alle'narsi] *v*
trainieren

Oleg **si allena** per il suo ruolo in Rocky VIII.

Oleg trainiert für seine Rolle in Rocky VIII.

correre
['korrere] *v*
rennen, laufen

Corri più veloce. Il prete riguadagna terreno.

Lauf schneller, der Pfarrer holt auf.

la **corsa**
['korsa] *n*
das Rennen

In ogni **corsa**, Alina lascia tutti dietro di sé.

Alina hängt bei jedem Rennen alle anderen ab.

quasi
['kua:zi] *adv*
fast, beinahe

Stavo **quasi** per arrivare secondo.

Beinahe wäre ich Zweiter geworden.

il **giocatore**, la **giocatrice**
[dʒoka'to:re, dʒoka'tri:tʃe] *n*
der Spieler, die Spielerin

Contro **giocatori** in carne e ossa è molto più facile.

Gegen Spieler aus Fleisch und Blut tue ich mich leichter.

la **partita**
[par'ti:ta] *n*
das Spiel

La **partita** contro le ragazze rischiava di diventare una faccenda personale.

Das Spiel gegen die Mädels drohte persönlich zu werden.

saltare
[sal'ta:re] *v*
springen

Quando Will **salta**, sembra che voli.

Wenn Will springt, sieht es so aus, als könne er fliegen.

Im Sport heißt der Ball palla oder pallone. Auch zu großen Kinderbällen sagt man pallone.
Ein Ball im Sinne einer Tanzveranstaltung heißt il ballo.

andare a cavallo
[an'da:re a ka'vallo] *phrase*
reiten

Alexander presta molta attenzione all'abbigliamento adatto quando **va a cavallo**.

Alexander achtet sehr auf die passende Kleidung, wenn er reitet.

la **palla,** il **pallone**
['palla], [pal'lo:ne] *n*
der Ball

Dirk fa quello che vuole con la **palla**.

Dirk macht mit dem Ball, was er will.

prendere
['prɛndere] *v*
fangen

Il leone ha usato una tecnica a sorpresa per **prendere** la sua preda.

Der Löwe hatte eine überraschende Technik, seine Beute zu fangen.

l'escursione
[eskur'sjo:ne] *n f*
die Wanderung

Adesso sono contento di aver fatto l'**escursione**.

Ich bin jetzt doch froh, dass ich bei der Wanderung dabei bin.

lento, -a
['lɛnto, -a] *adj*
langsam

Non sono io troppo **lenta**, siete voi troppo impazienti.

Ich bin nicht zu langsam. Ihr seid zu ungeduldig.

veloce
[ve'lo:tʃe] *adj*
schnell

Il modo più **veloce** per arrivare a Venezia per cortesia?

Die schnellste Art, nach Venedig zu kommen, bitte?

tirare
[ti'ra:re] *v*
werfen, schießen

Hendrick **tira** in porta per l'ottava volta!

Hendrik wirft sein achtes Tor!

il calcio
['kaltʃo] *n*
der Fußball

Il **calcio** è molto bello anche dal bordo campo.

Fußball ist auch vom Spielfeldrand aus ganz schön.

la gara
['ga:ra] *n*
der Wettkampf

lo sci
[ʃi] *n*
der Ski

sciare
[ʃi'a:re] *v*
Ski laufen

la squadra
['skua:dra] *n*
die Mannschaft

nuotare
[nuo'ta:re] *v*
schwimmen

Mi piacerebbe così tanto saper **nuotare** meglio.

Ich würde so gern besser schwimmen können.

la piscina
[piʃ'ʃi:na] *n*
das Schwimmbad

In realtà è proibito ai cani entrare in **piscina**.

Hunde sind im Schwimmbad eigentlich verboten.

la **partenza**
[par'tɛntsa] *n*
der Start

Già alla **partenza** aveva perso due secondi.

Schon beim Start verlor er zwei Sekunden.

il **vincitore**,
la **vincitrice**
[vintʃi'toːre, vintʃi'triːtʃe] *n*
der Sieger,
die Siegerin

Il **vincitore** riceve un servizio da caffè da 24 pezzi.

Der Sieger bekommt ein 24-teiliges Kaffeeservice.

il **traguardo**
[tra'guardo] *n*
das Ziel

Con le sue ultime forze Andreas raggiunse il **traguardo**.

Mit letzter Kraft erreichte Andreas das Ziel.

il/la **perdente**
[per'dɛnte] *n m/f*
der Verlierer,
die Verliererin

Fatevene una ragione: siete i **perdenti**.

Findet euch damit ab: Ihr seid die Verlierer.

famoso, -a
[fa'moːso, -a] *adj*
berühmt

Questo naso è **famoso** da più di 3000 anni.

Diese Nase ist seit über 3000 Jahren berühmt.

la **vittoria**
[vit'tɔːrja] *n*
der Sieg

vincere
['vintʃere] *v*
gewinnen

la **sconfitta**
[skon'fitta] *n*
die Niederlage

perdere
['pɛrdere] *v*
verlieren

fotografare
[fotogra'fa:re] *v*
fotografieren

Schade, dass man nur vom Spielfeldrand aus fotografieren darf.

il **tempo libero**
['tɛmpo 'li:bero] *n*
die Freizeit

Lasciami stare, nel mio **tempo libero** posso fare quello che voglio.

Lass mich – ich kann in meiner Freizeit machen, was ich will.

il **flash**
[flɛʃ] *n*
der Blitz

Mi piace quando i **flash** si illuminano intorno a me.

Ich liebe es, wenn die Blitze um mich herum aufleuchten.

la **macchina fotografica**
['makkina foto'gra:fika] *n*
der Fotoapparat

Con la mia **macchina fotografica** si può anche telefonare.

Mein Fotoapparat kann auch telefonieren.

il **soggetto**
[sod'dʒɛtto] *n*
das Motiv

Ho trovato un **soggetto** davvero originale.

Ich hab' ein wirklich einzigartiges Motiv gefunden.

il **dado**
['da:do] *n*
der Würfel

Buongiorno, vorrei un **dado** truccato, per favore.

Guten Tag, ich hätte gern einen gezinkten Würfel, bitte.

il **gioco**
['dʒɔ:ko] *n*
das Spiel

Non avrei pensato che vi sareste divertiti con questo **gioco** ...

Hätte ich nicht gedacht, dass ihr an so einem Spiel Spaß habt ...

la **fortuna**
[for'tu:na] *n*
das Glück

La **fortuna** non ha abbandonato Hannes neanche questa volta.

Das Glück ließ Hannes auch diesmal nicht im Stich.

giocare
[dʒo'ka:re] *v*
spielen

Quando Lara **gioca** con il suo gatto, si diverte a essere un po' perfida.

Wenn Lara mit ihrer Katze spielt, ist sie gern ein bisschen gemein.

la **sfortuna**
[sfor'tu:na] *n*
das Pech

È stata solo **sfortuna**. Prova semplicemente di nuovo!

Das war aber jetzt Pech. Probier's einfach noch mal.

la **passeggiata**

[pased'dʒa:ta] *n*

der Spaziergang

Emma incontra sempre persone simpatiche quando fa una **passeggiata**.

Emma trifft immer nette Leute, wenn sie einen Spaziergang macht.

pescare

[pes'ka:re] *v*

angeln

Chi vuole **pescare**, deve saper stare in silenzio, Patrick.

Wer angeln will, muss stillhalten können, Patrick.

fare il bricolage

['fa:re il briko'laʒ] *phrase*

basteln

Ad Anna-Marie piace molto **fare il bricolage**.

Anna-Marie bastelt sehr gerne.

l'**attrezzo**

[at'trettso] *n m*

das Werkzeug

Nell'utilizzo degli **attrezzi** si dimostra l'intelligenza.

Im Gebrauch von Werkzeug zeigt sich die Intelligenz.

il **coltellino**

[koltel'li:no] *n*

das Taschenmesser

Era così orgoglioso: il suo **coltellino** aveva 27 utensili.

Er war so stolz: Sein Taschenmesser hatte 27 Werkzeuge.

il mondo

['mondo] *n*

die Welt

Il mio viaggio intorno al **mondo** era già finito dopo due settimane: volevo rimanere qui.

Meine Reise um die Welt war schon nach zwei Wochen beendet – hier wollte ich bleiben.

DIE GROSSE WELT

il viaggio
['vjaddʒo] *n*
die Reise

Il lusso è sempre stato una cosa importante nei nostri **viaggi**.

Luxus war uns auf unserer Reise immer wichtig.

l'**agenzia di viaggi**
[adʒen'tsi:a di 'vjaddʒi] *n f*
das Reisebüro

Mi dispiace, la nostra **agenzia di viaggi** è specializzata in tour in Siberia.

Tut mir leid, unser Reisebüro ist auf Sibirien-Touren spezialisiert.

la **carta (geografica)**
['karta (dʒeo'gra:fika)] *n*
die Landkarte

Un miracolo, basta solo toccare la **carta geografica** ed è già tutto pronto.

Ein Wunder: Man berührt nur die Landkarte und schon geht's los.

le **ferie**, la **vacanza**
['fɛ:rje], [va'kantsa] *n*
der Urlaub

Ho bisogno di una **vacanza**!

Ich! brauche! Urlaub!

il/la **turista**
[tu'rista] *n*
der Tourist, die Touristin

Possono essere solo dei **turisti**.

Das können nur Touristen sein.

Se **prenoti** questo viaggio, lo **storno** subito.

stornare
[stor'na:re] *v*
stornieren

Wenn du diese Reise buchst, storniere ich sie sofort wieder.

prenotare
[preno'ta:re] *v*
buchen

la **valigia**
[va'li:dʒa] *n*
der Koffer

Nella **valigia** mio fratello viaggia con me gratis.

In dem Koffer fährt mein Bruder umsonst mit.

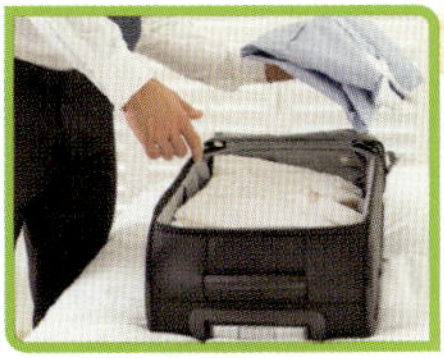

fare la valigia
['fa:re la va'li:dʒa] *phrase*
packen

Quando **faccio la valigia**, manca sempre un calzino.

Immer, wenn ich den Koffer packe, fehlt eine Socke.

viaggiare
[vjad'dʒa:re] *v*
reisen

il **turismo**
[tu'rizmo] *n*
der Tourismus

turistico, -a
[tu'ristiko, -a] *adj*
touristisch, Touristen-

il **bagaglio**
[ba'gaʎʎo] *n*
das Gepäck

il passaporto
[passa'pɔrto] *n*
der Reisepass

Qual è il **passaporto** adeguato per la mia prossima missione?

Hm, welcher Pass passt für meine nächste Mission?

valido, -a
['va:lido, -a] *adj*
gültig

l'albergo
[al'bɛrgo] *n m*
das Hotel

Bello, qui in **albergo** mi permetto sempre il servizio in camera.

Schick: Hier im Hotel leiste ich mir immer den Zimmerservice.

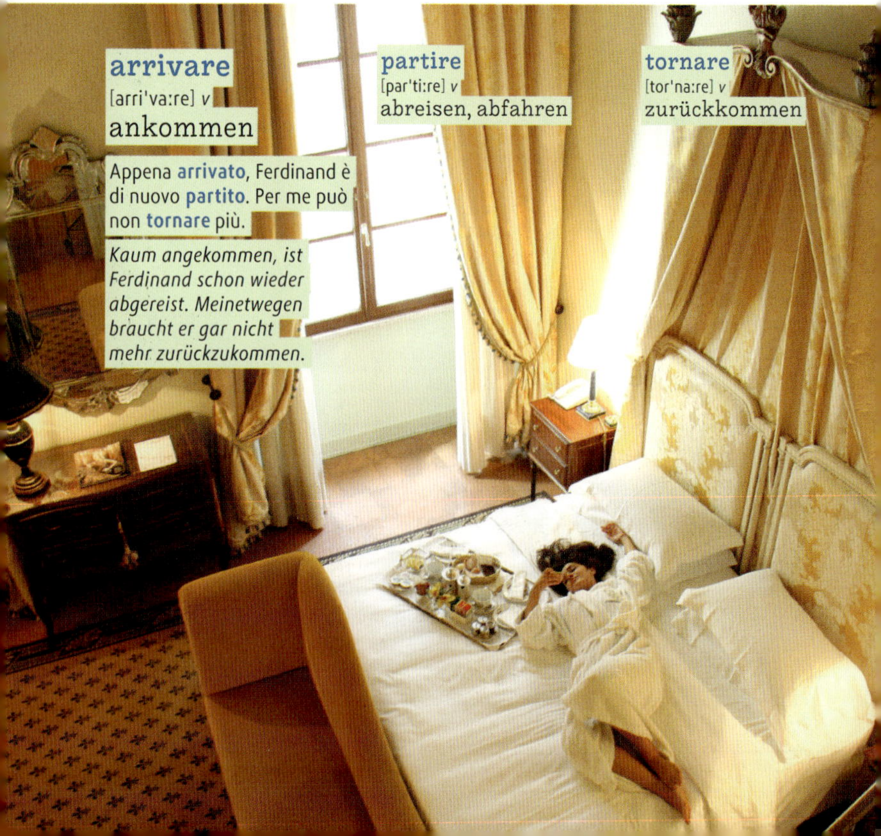

arrivare
[arri'va:re] *v*
ankommen

Appena **arrivato**, Ferdinand è di nuovo **partito**. Per me può non **tornare** più.

Kaum angekommen, ist Ferdinand schon wieder abgereist. Meinetwegen braucht er gar nicht mehr zurückzukommen.

partire
[par'ti:re] *v*
abreisen, abfahren

tornare
[tor'na:re] *v*
zurückkommen

il campeggio
[kam'peddʒo] *n*
der Campingplatz

la camera doppia
['ka:mera 'doppja] *n*
das Doppelzimmer

la camera singola
['ka:mera 'siŋgola] *n*
das Einzelzimmer

la roulotte, il camper
[ru'lɔt], ['kamper] *n*
der Wohnwagen

la tenda
['tɛnda] *n*
das Zelt

Ehi, tu, idiota, hai forse lasciato il miele nella **tenda**?

Hast du Idiot etwa den Honig im Zelt gelassen?

il sacco a pelo
['sakko a 'pe:lo] *n*
der Schlafsack

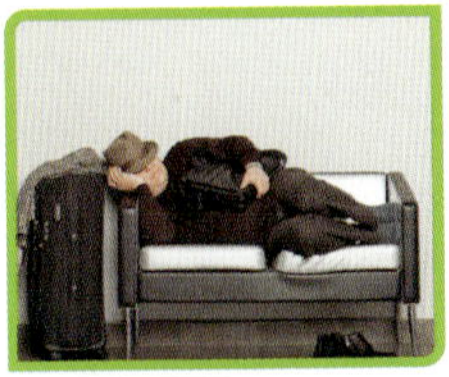

al completo
[al kom'plɛ:to] *adj*
ausgebucht

Tutti gli alberghi sono **al completo**.

Alle Hotels sind ausgebucht.

l'ostello della gioventù
[os'tɛllo 'della dʒoven'tu] *n m*
die Jugendherberge

Al signor conte non sarebbe proprio piaciuto un **ostello della gioventù** nel suo castello.

Eine Jugendherberge in seinem Schloss hätte dem Herrn Grafen gar nicht gefallen.

la reception
[re'sɛpʃon] *n*
die Rezeption

Prima di sparire, le lasciò un messaggio alla **reception**.

Bevor er verschwand, hinterließ er ihr noch eine Nachricht an der Rezeption.

visitare
[vizi'taːre] *v*
besichtigen

Volevamo ancora **visitare** il castello, ma era troppo tardi.

Wir wollten noch das Schloss besichtigen, aber es war zu spät.

la **visita guidata**
['viːzita gui'daːta] *n*
die Führung

La **visita guidata** era terminata in tempi record, dopo di che finalmente c'era la pausa caffè.

Die Führung war in Rekordzeit beendet, danach gab's endlich Kaffee.

guidare
[gui'daːre] *v*
führen

la **moschea**
[mos'kɛːa] *n*
die Moschee

La Basilica di Santa Sofia fu trasformata in **moschea** nel 1453 …

Die Hagia Sophia wurde nach 1453 zur Moschee umgebaut …

la **sinagoga**
[sina'gɔːga] *n*
die Synagoge

… la **sinagoga** di Gerusalemme a Praga fu completata nel 1906 …

… die Jerusalem-Synagoge in Prag wurde 1906 vollendet …

la **cappella**
[ka'ppɛlla] *n*
die Kapelle

… la **cappella** di Ronchamp fu inaugurata nel 1955 …

… die Kapelle von Ronchamp wurde 1955 eingeweiht …

il **museo**
[mu'zɛːo] *n*
das Museum

Questo è solo un **museo** o è già arte?

Ist das noch ein Museum oder selbst schon Kunst?

il **duomo**
['duɔːmo] *n*
der Dom

… sul **duomo** di Colonia ci sono ancora le impalcature.

… am Kölner Dom hängen immer noch die Gerüste.

la **gita**
['dʒi:ta] *n*
der Ausflug

La **gita** era solo nel parco della città, ma è stata bellissima!

Der Ausflug ging nur in den Stadtpark, war aber super!

la **torre**
['torre] *n*
der Turm

La **torre** pendente adesso si è effettivamente rovesciata.

Jetzt ist der schiefe Turm doch noch umgekippt.

il **palazzo**
[pa'lattso] *n*
der Palast

Tu vivi qui, Felipe? Hai davvero un **palazzo**!

Hier wohnst du, Felipe? Das ist ja ein Palast!

il **castello**
[kas'tɛllo] *n*
die Burg

In questo **castello** Highlander gelava già 500 anni fa.

Auf dieser Burg hat vor 500 Jahren schon der Highlander gefroren.

LÄNDER

l'Islanda
[iz'landa] n f
Island
il Canada
['ka:nada] n
Kanada
l'AMERICA DEL NORD,
il NORD AMERICA
[a'mɛ:rika del nɔrd] n f,
[nɔrd a'mɛ:rika] n m
NORDAMERIKA
gli Stati Uniti,
gli USA
['sta:ti u'ni:ti], ['u:za] n pl
die Vereinigten Staaten,
die USA
l'EUROPA
[eu'rɔ:pa] n f
EUROPA
il Messico
['mɛssiko] n
Mexiko
il Marocco
[ma'rɔkko] n
Marokko
l'AMERICA DEL SUD,
il SUD AMERICA
[a'mɛ:rika del sud] n f,
[sud a'mɛ:rika] n m
SÜDAMERIKA
il Brasile
[bra'zi:le] n
Brasilien
il Cile
['tʃi:le] n
Chile
l'Argentina
[ardʒen'ti:na] n f
Argentinien

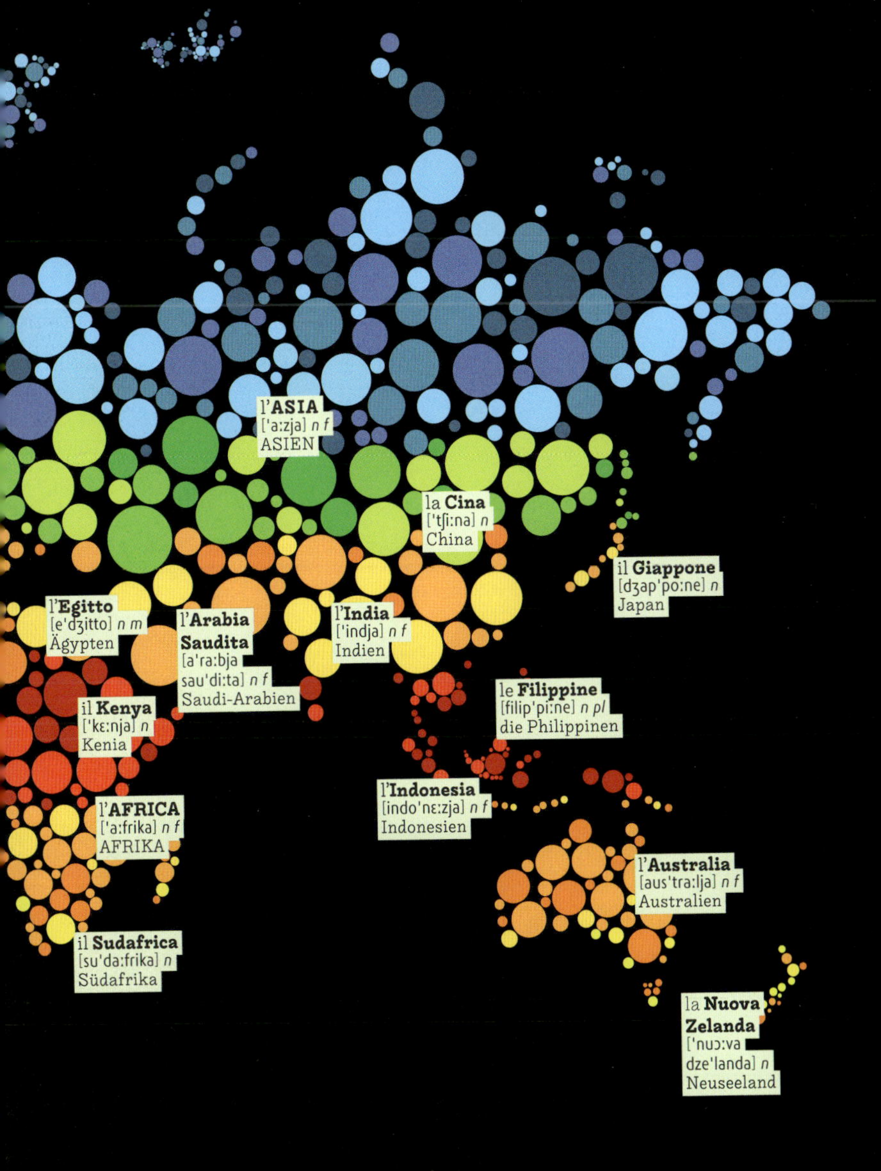
l'ASIA
['a:zja] n f
ASIEN
la Cina
['tʃi:na] n
China
il Giappone
[dʒap'po:ne] n
Japan
l'Egitto
[e'dʒitto] n m
Ägypten
l'Arabia Saudita
[a'ra:bja sau'di:ta] n f
Saudi-Arabien
l'India
['indja] n f
Indien
il Kenya
['kɛ:nja] n
Kenia
le Filippine
[filip'pi:ne] n pl
die Philippinen
l'Indonesia
[indo'nɛ:zja] n f
Indonesien
l'AFRICA
['a:frika] n f
AFRIKA
l'Australia
[aus'tra:lja] n f
Australien
il Sudafrica
[su'da:frika] n
Südafrika
la Nuova Zelanda
['nuɔ:va dze'landa] n
Neuseeland

il Nord
[nɔrd] n
Norden
l'Ovest
['ɔ:vest] n m
Westen
l'Est
[ɛst] n m
Osten
il Sud
[sud] n
Süden
la Svezia
['zvɛ:tsja] n
Schweden
la Norvegia
[nor'vɛ:dʒa] n
Norwegen
1) la Slovacchia
[zlo'vakkja] n
die Slowakei
2) l'Ungheria
[uŋge'ri:a] n f
Ungarn
3) la Slovenia
[zlo'vɛ:nja] n
Slowenien
4) la Serbia
['sɛrbja] n
Serbien
5) la Bosnia-Erzegovina
['bɔznja-erdze'gɔ:vina] n
Bosnien-Herzegowina
6) la Macedonia del Nord
[matʃe'do:nja del nɔrd] n
Nordmazedonien
7) l'Albania
[alba'ni:a] n f
Albanien
8) la Lituania
[litu'a:nja] n
Litauen
9) la Moldavia
[mol'da:vja] n
Moldawien
la Gran Bretagna
[gran bre'taɲɲa] n
Großbritannien
la Danimarca
[dani'marka] n
Dänemark
l'Irlanda
[ir'landa] n f
Irland
i Paesi Bassi
[pa'e:zi 'bassi] n pl
die Niederlande
la Germania
[dʒer'ma:nja] n
Deutschland
la Polonia
[po'lɔ:nja] n
Polen
il Belgio
['bɛldʒo] n
Belgien
la Repubblica Ceca
[re'pubblika 'tʃɛ:ka] n
Tschechien
1
l'Austria
['a:ustrja] n f
Österreich
2
la Francia
['frantʃa] n
Frankreich
la Svizzera
['zvittsera] n
die Schweiz
3
4
la Croazia
[kro'a:tsja] n
Kroatien
5
l'Italia
[i'ta:lja] n f
Italien
6
7
la Spagna
['spaɲɲa] n
Spanien
il Portogallo
[porto'gallo] n
Portugal

inglese
[iŋ'gle:se] *adj*
englisch

Colazione **inglese**: pancetta, uova, fagioli.

Englisches Frühstück: Speck, Eier, Bohnen.

francese
[fran'tʃe:se] *adj*
französisch

Colazione **francese**: caffè, croissant.

Französisches Frühstück: Kaffee, Croissant.

tedesco, -a
[te'desko, -a] *adj*
deutsch

Colazione **tedesca**: caffè, pane, burro, marmellata.

Deutsches Frühstück: Kaffee, Brötchen, Butter, Marmelade.

italiano, -a
[ita'lja:no, -a] *adj*
italienisch

Colazione **italiana**: caffellatte con biscotti.

Italienisches Frühstück: Milchkaffee mit Keksen.

europeo, -a
[euro'pɛ:o, -a] *adj*
europäisch

svedese
[zve'de:se] *adj*
schwedisch

irlandese
[irlan'de:se] *adj*
irisch

olandese
[olan'de:se] *adj*
holländisch

belga
['bɛlga] *adj*
belgisch

spagnolo, -a
[spaɲ'ɲɔ:lo, -a] *adj*
spanisch

portoghese
[porto'ge:se] *adj*
portugiesisch

greco, -a
['grɛ:ko , -a] *adj*
griechisch

russo, -a
['russo, -a] *adj*
russisch

svizzero, -a
['zvittsero , -a] *adj*
schweizerisch

polacco, -a
[po'lakko, -a] *adj*
polnisch

austriaco, -a
[aus'tri:ako, -a] *adj*
österreichisch

VERKEHR

il **traffico**
['traffiko] *n*
der Verkehr

Il più grande pericolo nel **traffico** sono le auto che vanno più veloci di quanto ragioni il loro conducente.

Die größte Gefahr im Verkehr sind Autos, die schneller fahren, als ihr Fahrer denken kann.

la macchina
['makkina] n
das Auto, der Wagen

E allora? Volevi una **macchina** per il tuo diciottesimo compleanno.

Was denn? Du wolltest doch ein Auto zum 18. Geburtstag.

la moto
['mɔ:to] n
das Motorrad

Appena ho sentito la parola "**moto**", ho avuto paura che fossi un rockettaro.

Als ich „Motorrad" hörte, hatte ich schon Angst, du wärst ein Rocker.

il taxi
['taksi] n
das Taxi

Taxi, signore? Deve solo aiutare un po' a spingere.

Taxi, der Herr? Sie müssten nur etwas schieben helfen.

la bicicletta, la bici
[bitʃi'kletta], ['bi:tʃi] n
das Fahrrad

Quando arrivo io con la mia **bici**, la gente si sposta subito.

Komm' ich mit meinem Fahrrad, springen die Leute zur Seite.

il tragitto
[tra'dʒitto] n
die Strecke

Il **tragitto** lungo il fiume è più lungo, ma anche il più bello.

Die Strecke am Fluss entlang ist länger, dafür die schönere.

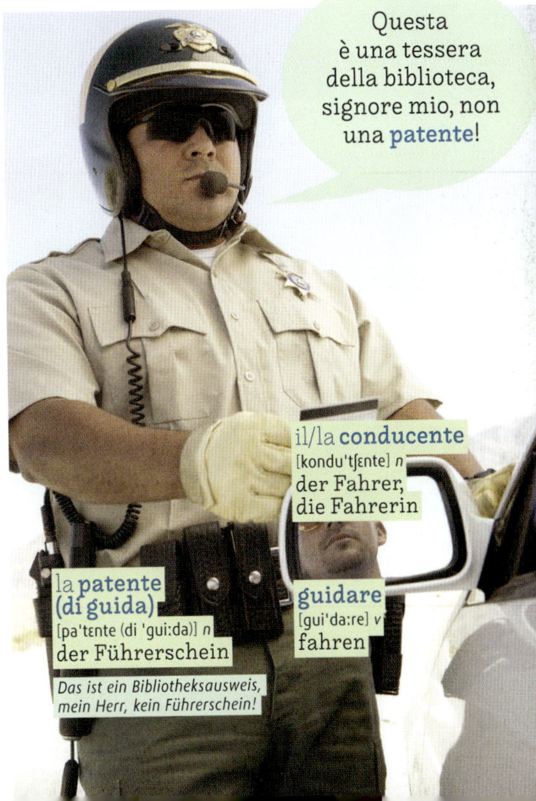

Questa è una tessera della biblioteca, signore mio, non una **patente**!

il/la conducente
[kondu'tʃɛnte] n
der Fahrer, die Fahrerin

la patente (di guida)
[pa'tɛnte (di 'gui:da)] n
der Führerschein

Das ist ein Bibliotheksausweis, mein Herr, kein Führerschein!

guidare
[gui'da:re] v
fahren

il distributore (di benzina)
[distribu'to:re (di ben'dzi:na)] *n*
die Tankstelle

La benzina non la vende quasi, al **distributore**, ma i team cinematografici fanno la coda.

Benzin verkauft er kaum an der Tankstelle, aber die Filmteams stehen Schlange.

la benzina
[ben'dzi:na] *n*
das Benzin

il gasolio, il diesel
[ga'zɔ:ljo], ['di:zel] *n*
der Diesel

la strada
['stra:da] *n*
die Straße

Le **strade** sono le arterie vitali della città, con rischio d'infarto.

Die Straßen sind die Lebensadern der Stadt – mit Infarktrisiko.

l'autostrada
[autos'tra:da] *n f*
die Autobahn

L'**autostrada** è raramente così straordinariamente vuota.

So herrlich leer ist die Autobahn nur selten.

fare inversione
['fa:re inver'sjo:ne] *phrase*
wenden

Volevo assolutamente **fare inversione**!

Ich wollte jedenfalls wenden!

l'incrocio
[iŋ'kro:tʃo] *n m*
die Kreuzung

Se l'elica adesso si ferma, cadiamo direttamente sull'**incrocio**.

Wenn der Propeller jetzt aussetzt, stürzen wir direkt auf die Kreuzung.

la strada (di campagna)
['stra:da (di kam'paɲɲa)] *n*
die Landstraße

Per motivi di sicurezza gli alberi su questa **strada** dovrebbero essere tagliati.

Aus Gründen der Sicherheit sollten die Bäume an dieser Straße gefällt werden.

la **gomma**
['gomma] *n*
der Reifen

Perché devo sempre io gonfiare le **gomme**?

Warum muss immer ich die Reifen aufpumpen?

il **parcheggio**
[par'keddʒo] *n*
der Parkplatz

In tutto il **parcheggio** non c'era più nemmeno un posto libero.

Auf dem ganzen Parkplatz war kein einziger Platz mehr frei.

parcheggiare
[parked'dʒaːre] *v*
parken

il **semaforo**
[se'maːforo] *n*
die Ampel

Quasi non mi accorgevo del **semaforo**.

Fast hätte ich die Ampel übersehen.

fermarsi
[fer'marsi] *v*
(an)halten

consumare
[konsu'maːre] *v*
verbrauchen

Me l'ha regalata papà, non ho idea di quanto **consumi**.

Daddy hat ihn mir geschenkt, keine Ahnung, was er verbraucht.

il **marciapiede**
[martʃa'pjɛːde] *n*
der Gehweg

La tua camminata leggera rende grazioso perfino il più noioso **marciapiede**.

Dein holder Gang veredelt selbst den langweiligsten Gehweg.

il ponte
['ponte] *n*
die Brücke

Senza il **ponte**, si andava effettivamente più veloci.

Ohne die Brücke ging es tatsächlich schneller.

la ferrovia
[ferro'vi:a] *n*
die Eisenbahn

Così cominciò la carriera di mio padre in **ferrovia**.

So begann die Karriere meines Vaters bei der Eisenbahn.

il biglietto
[biʎ'ʎetto] *n*
die Fahrkarte

La sua raccolta di **biglietti** vecchi oggi ha un gran valore.

Seine Sammlung alter Fahrkarten ist heute richtig was wert.

perdere
['pɛrdere] *v*
verpassen

Accidenti, **ho perso** il treno … il prossimo passa fra tre giorni.

Verdammt! Zug verpasst … der nächste fährt in drei Tagen.

l'orario
[o'ra:rjo] *n m*
der Fahrplan

Guardi l'**orario**? Non hai una app?

Du liest den Fahrplan? Hast du keine App?

l'arrivo
[ar'ri:vo] *n m*
die Ankunft

Mi sono immaginata il mio **arrivo** proprio così.

Genau so habe ich mir meine Ankunft vorgestellt.

la partenza
[par'tɛntsa] *n*
die Abfahrt

La **partenza** del treno è ritardata di pochi minuti.

Die Abfahrt des Zuges verzögert sich um wenige Minuten.

la **stazione**
[sta'tsjo:ne] *n*
der Bahnhof

Verehrte Fahrgäste. Wegen Umbauarbeiten wird dieser Bahnhof gesperrt. Der letzte Zug fährt von Gleis 13. Die Klimaanlage im Zug ist leider ausgefallen. Wir danken Ihnen für Ihr Verständnis.

Si avvertono i gentili viaggiatori che a causa di lavori di ristrutturazione, questa **stazione** viene chiusa. L'ultimo **treno** parte dal **binario** 13. L'impianto d'aria condizionata sul treno purtroppo non funziona. Vi ringraziamo per la vostra comprensione.

il **treno**
['trɛ:no] *n*
der Zug

il **binario**
[bi'na:rjo] *n*
der Bahnsteig, das Gleis

il **posto a sedere**
['posto a se'de:re] *n*
der (Sitz)Platz

Entra amore, si è liberato un **posto a sedere**.

Komm rein, Liebling, es ist ein Platz frei geworden.

diretto, -a
[di'rɛtto, -a] *adj*
direkt, durchgehend

Ho un collegamento **diretto** per il mare.

Ich habe eine direkte Verbindung bis ans Meer.

la **coincidenza**
[kointʃi'dɛntsa] *n*
der Anschluss

cambiare
[kam'bja:re] *v*
umsteigen

lo **scompartimento**
[skomparti'mento] *n*
das Abteil

il **controllore**
[kontrol'lo:re] *n*
der Schaffner, die Schaffnerin

la **fermata**
[fer'ma:ta] *n*
die Haltestelle

È una buona cosa che questa **fermata** resista alle intemperie.

Wie gut, dass diese Haltestelle wetterfest ist.

l'**autobus**
['a:utobus] *n m*
der Bus

Sul tetto dell'**autobus**, l'aria era decisamente migliore.

Auf dem Dach des Busses war die Luft deutlich besser.

il **tram**
[tram] *n*
die Straßenbahn

A Hongkong i **tram** sono a due piani.

In Hongkong sind die Straßenbahnen doppelstöckig.

la **metropolitana**
[metropoli'ta:na] *n*
die U-Bahn

Sono molto contento che la **metropolitana** non vada sempre nel sottosuolo.

Ich bin ganz froh, dass die U-Bahn nicht immer im Untergrund fährt.

l'**abbonamento**
[abbona'mento] *n m*
die Zeitkarte

la **compagnia (aerea)**
[kompaɲ'ɲi:a (a'ɛ:rea)] *n*
die Fluggesellschaft

il **gate**
[ge:t] *n*
der Flugsteig

l'aeroporto
[aero'pɔrto] *n m*
der Flughafen

Hanno detto all'altoparlante che all'**aeroporto** non si possono lasciare le valigie incustodite.

Am Flughafen darf man keinen Koffer rumstehen lassen, haben sie durchgesagt.

atterrare
[atter'ra:re] *v*
landen

Vi preghiamo di aspettare ad applaudire fino a quando l'aereo non **sarà atterrato**.

Bitte warten Sie mit dem Applaus, bis die Maschine gelandet ist.

l'aereo
[a'ɛ:reo] *n m*
das Flugzeug

In **aereo** il pilota si diverte a giocare con i vari pulsantini.

Im Flugzeug spielt der Pilot am liebsten an den vielen Knöpfchen herum.

il volo
['vo:lo] *n*
der Flug

Tipico! Ancora una volta solo il mio **volo** è in ritardo.

Typisch! Nur mein Flug hat mal wieder Verspätung.

volare
[vo'la:re] *v*
fliegen

Aaron e Henry **volavano** facendo i looping più audaci sulla savana.

Aaron und Henry flogen die kühnsten Loopings über der Savanne.

decollare
[dekol'la:re] *v*
starten

Il suo gruppo **decollò** come un missile.

Ihre Band startete wie eine Rakete.

la **nave**
['na:ve] *n*
das Schiff

Questa **nave** è inaffondabile.

Dieses Schiff ist unsinkbar.

affondare
[affon'da:re] *v*
sinken

la **barca**
['barka] *n*
das Boot

Nella sua **barca** si sentiva come in Miami Vice.

In seinem Boot fühlte er sich wie bei Miami Vice.

il **porto**
['pɔrto] *n*
der Hafen

il **traghetto**
[tra'getto] *n*
die Fähre

Non mi fido del ponte, preferisco prendere il **traghetto**.

Der Brücke traue ich nicht, ich nehme lieber die Fähre.

scontrarsi
[skon'trarsi] *v*
zusammenstoßen

Accipicchia! Stavamo quasi per **scontrarci**!

Du Riesenrindvieh! Wir wären um ein Haar zusammengestoßen!

sopravvivere
[soprav'vi:vere] *v*
überleben

Le tute protettive possono essere estremamente utili per **sopravvivere**.

Schutzanzüge können durchaus beim Überleben helfen.

improvvisamente
[improvviza'mente] *adv*
plötzlich

Anton ha avuto **improvvisamente** un'idea grandiosa.

Anton hatte plötzlich eine super Idee.

lo **scontro**
['skontro] *n*
der Zusammenstoß

la **collisione**
[kolli'zjo:ne] *n*
die Kollision

l'**incendio**
[in'tʃɛndjo] *n m*
der Brand

salvare
[sal'va:re] *v*
retten

l'**incidente**
[intʃi'dɛnte] *n m*
der Unfall

Non l'ho fatto apposta, è stato un **incidente**.

Das hab' ich nicht absichtlich gemacht, das war ein Unfall.

l'animale

[ani'maːle] *n m*

das Tier

No, Mia, non li possiamo portare con noi: gli **animali** non possono stare in appartamento.

Nein Mia, die können wir nicht mitnehmen – Tiere gehören nicht in die Wohnung!

il maiale
[ma'ja:le] *n*
das Schwein

Nella vita qualche volta si deve essere un po' **maiali**.

Im Leben muss man eben manchmal ein Schwein sein.

la mucca
['mukka] *n*
die Kuh

il vitello
[vi'tɛllo] *n*
das Kalb

Questo **vitello** si beve tutto il latte della mia **mucca**!

Dieses Kalb säuft mir die ganze Milch meiner Kuh weg!

il cavallo
[ka'vallo] *n*
das Pferd

Oggi ho puntato di nuovo sul **cavallo** sbagliato.

Ich hab' heute wieder aufs falsche Pferd gesetzt.

il cane
['ka:ne] *n*
der Hund

Il mio **cane** arriva subito, quando apro la scatoletta.

Mein Hund kommt sofort, wenn ich die Dose öffne.

la capra
['ka:pra] *n*
die Ziege

Capre che si arrampicano sugli alberi? Non ci credo!

Ziegen, die auf Bäume klettern? Glaub' ich nicht!

la pecora
['pɛ:kora] *n*
das Schaf

Le **pecore** mi hanno guardato arrabbiate quando ho tirato fuori la macchina fotografica.

Die Schafe starrten mich böse an, als ich die Kamera zückte.

la lana
['la:na] *n*
die Wolle

La **lana** è stata sufficiente anche per un berrettino bellissimo. Grazie, mammina!

Die Wolle hat auch noch für ein prima Mützchen gereicht. Danke, Mami!

il topo
['tɔ:po] *n*
die Maus

il gatto
['gatto] *n*
die Katze

Il **topo** si sente ancora al sicuro, ma il **gatto** ha tempo …

Noch fühlt sich die Maus sicher, aber die Katze hat Zeit …

l'uccello
[ut'tʃɛllo] *n m*
der Vogel

Gli **uccelli** non hanno freddo ai piedi come gli uomini.

Vögel frieren nicht so schnell an den Füßen wie Menschen.

il pesce
['peʃʃe] *n*
der Fisch

Ho sempre pensato che i **pesci** vivessero sott'acqua.

Ich dachte immer, Fische leben unter Wasser.

la gallina
[gal'li:na] *n*
das Huhn

Mamma, perché le **galline** non volano anche se hanno le ali?

Mama, warum fliegen Hühner nicht, obwohl sie Flügel haben?

l'erba
['ɛrba] *n f*
das Gras

Sentire l'**erba** sotto i piedi: finalmente è estate!

Das Gras unter den Füßen spüren – endlich ist Sommer!

la rosa
['rɔ:za] *n*
die Rose

La scena con la **rosa** l'abbiamo copiata da un film.

Die Nummer mit der Rose haben wir aus einem Film geklaut.

il fiore
['fjo:re] *n*
die Blume

Gli affari con i **fiori** prosperano.

Das Geschäft mit Blumen floriert.

la foglia
['fɔʎʎa] *n*
das Blatt

l'albero
['albero] *n m*
der Baum

Da bambina mi arrampicavo su quest'**albero**. Allora eravamo entrambi più piccoli.

Auf diesen Baum bin ich schon als Mädchen geklettert. Aber da waren wir beide noch kleiner.

il ramo
['ra:mo] *n*
der Zweig, der Ast

il legno
['leɲɲo] *n*
das Holz

In mezzo al bosco abbiamo costruito una casa di **legno** su un albero.

Mitten im Wald bauten wir ein Baumhaus aus Holz.

il cotone
[ko'to:ne] *n*
die Baumwolle

Per un paio di magliette, questo **cotone** dovrebbe bastare.

Die Baumwolle dürfte für ein paar T-Shirts reichen.

i cereali
[tʃere'a:li] *n pl*
das Getreide

I tedeschi fanno il pane con i tipi di **cereali** più diversi.

Die Deutschen backen Brot aus den verschiedensten Arten von Getreide ihr.

crescere
['kreʃʃere] *v*
wachsen

la pianta
['pjanta] *n*
die Pflanze

Da quando qui **crescono** le **piante**, non vendo quasi più palloncini.

Seit hier Pflanzen wachsen, verkaufe ich kaum mehr Luftballons.

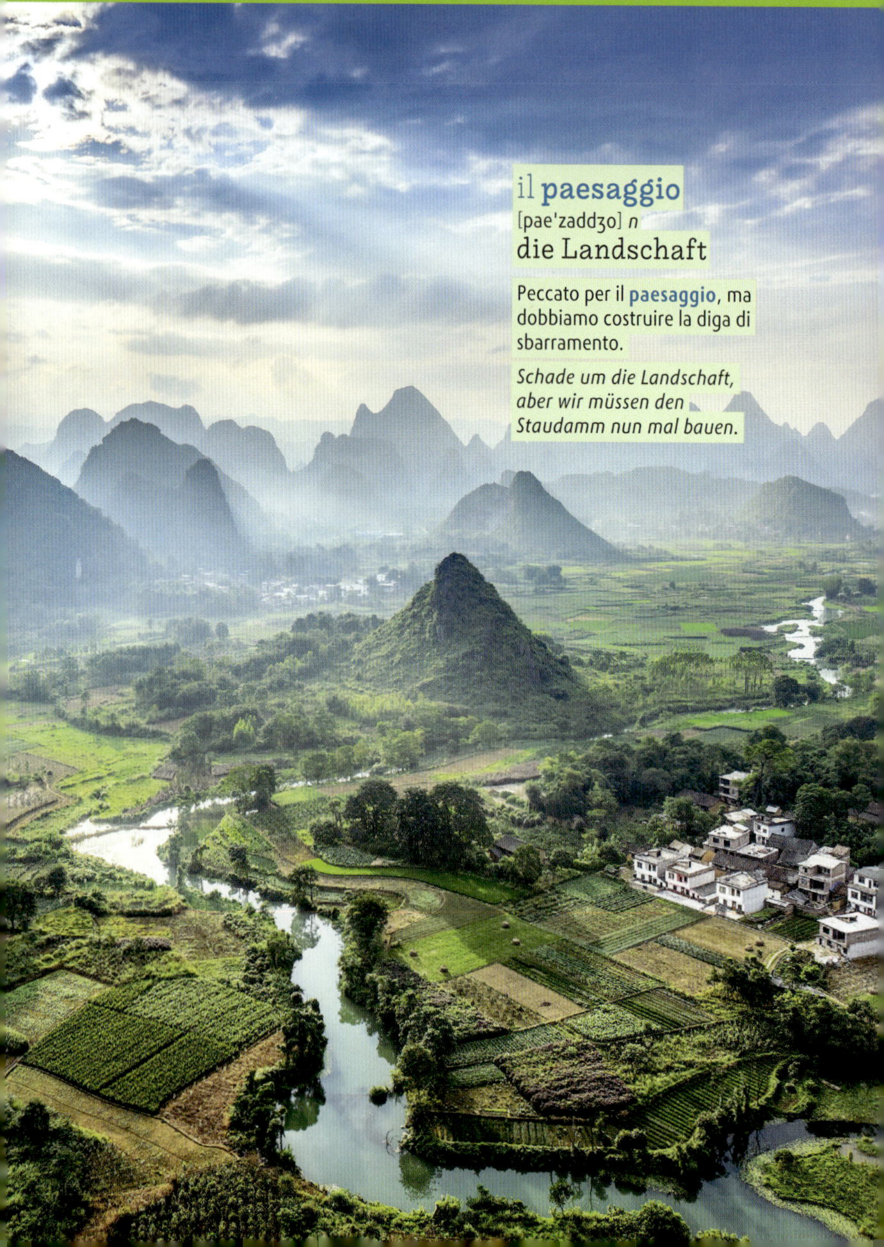

il **paesaggio**
[pae'zaddʒo] *n*
die Landschaft

Peccato per il **paesaggio**, ma dobbiamo costruire la diga di sbarramento.

Schade um die Landschaft, aber wir müssen den Staudamm nun mal bauen.

l'ambiente
[am'bjɛnte] *n m*
die Umwelt

Più lontani si è, meno ci si interessa per l'**ambiente**.

Die Umwelt interessiert umso weniger, je weiter man weg ist.

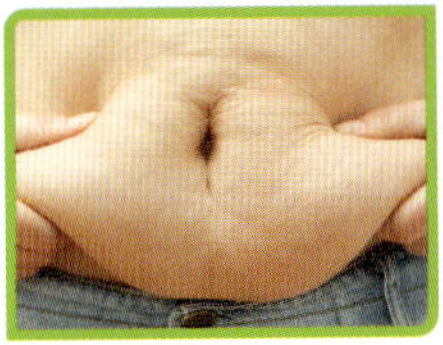

la zona
['dzɔːna] *n*
das Gebiet, die Zone

La mia **zona** davvero critica è la bocca.

Meine wirkliche Problemzone ist mein Mund.

la regione
[re'dʒoːne] *n*
die Region

Io provo sempre tutte le specialità della **regione**.

Ich probiere immer alle Spezialitäten der Region.

locale
[lo'caːle] *adj*
lokal, örtlich

Con il vestito **locale**, balliamo solo nel bosco.

In der örtlichen Tracht tanzen wir nur noch im Wald.

il continente
[konti'nɛnte] *n*
der Kontinent

Dopo i vichinghi, anche Colombo ha scoperto il **continente**.

Nach den Wikingern entdeckte auch Kolumbus den Kontinent.

la campagna
[kam'paɲɲa] *n*
das Land

La vita è dura in **campagna**.

Das Leben ist hart auf dem Land.

la terra
['tɛrra] *n*
die Erde, der Grund, der Boden

Non appena l'aereo tocca **terra**, il signor Importante è già al telefono.

Kaum berührt das Flugzeug den Boden, schon hängt Herr Wichtig am Telefon.

il terreno
[ter'reːno] *n*
der Boden, der Erdboden

Credi che il mio albero di orsetti gommosi crescerà in questo **terreno**?

Glaubst du, mein Gummibärchenbaum wächst auf diesem Boden?

il **ferro**
['fɛrro] *n*
das Eisen

Ha bisogno di 7300 tonnellate di **ferro**? Che casualità, ce le abbiamo proprio qui tra i piedi …

Sie brauchen 7300 Tonnen Eisen? So ein Zufall, die haben wir hier rumstehen …

il **gas**
[gas] *n*
das Gas

Falso allarme: non era **gas**, ma la minestra di cipolle di Lisa.

Falscher Alarm: Es war kein Gas, sondern Lisas Zwiebelsuppe.

il **petrolio**
[pe'trɔ:ljo] *n*
das Erdöl

Come? Semplicemente bruciate tutto quel bel **petrolio**?

Wie, ihr verbrennt das ganze schöne Erdöl einfach?

il **metallo**
[me'tallo] *n*
das Metall

Sottoposto ad alta pressione, il **metallo** cambia forma.

Metall verändert seine Form unter hohem Druck.

l'**oro**
['ɔ:ro] *n m*
das Gold

Che te ne pare del mio nuovo dente d'**oro**?

Wie findste meinen neuen Goldzahn?

l'**argento**
[ar'dʒɛnto] *n m*
das Silber

Inizialmente le posate d'**argento** erano un servizio di 96 pezzi.

Ursprünglich hatte das Silberbesteck mal 96 Teile.

il **terremoto**
[terre'mɔ:to] *n*
das Erdbeben

No, nessun architetto fuori di testa, solo un **terremoto**.

Nein, kein durchgeknallter Architekt, nur ein Erdbeben.

il **deserto**
[de'zɛrto] *n*
die Wüste

Una piscina in mezzo al **deserto**, fantastico!

Ein Pool mitten in der Wüste – herrlich!

la **montagna**
[mon'taɲɲa] *n*
der Berg, das Gebirge

La **montagna** chiama, ma io faccio finta di non sentire.

Der Berg ruft, aber ich hör' weg.

la **cima**
['tʃi:ma] *n*
der Gipfel

il **bosco**
['bɔsko] *n*
der Wald

il **fiume**
['fju:me] *n*
der Fluss

la **collina**
[kol'li:na] *n*
der Hügel

Vorrei invecchiare in questa casa sulla **collina**.

In diesem Haus auf dem Hügel möchte ich alt werden.

il **sentiero**
[sen'tjɛ:ro] *n*
der Weg

Tu e le tue scorciatoie. Questo **sentiero** ci porta verso il niente!

Du immer mit deinen Abkürzungen. Dieser Weg führt ins Nichts!

il lago
['la:go] *n*
der See

L'alce esce dal **lago** e io l'aspetto sulla **riva**.

Der Elch steigt aus dem See, und ich erwarte ihn am Ufer.

la riva
['ri:va] *n*
das Ufer

la costa
['kɔsta] *n*
die Küste

La casa per vacanze sulla **costa** non aveva la spiaggia.

Das Ferienhaus an der Küste hatte überhaupt keinen Strand.

la spiaggia
['spjaddʒa] *n*
der Strand

Ancora una volta Hannes ha trascorso una bellissima settimana in **spiaggia**.

Hannes verbrachte wieder eine herrliche Woche am Strand.

l'isola
['i:zola] *n f*
die Insel

Ehi ragazze, ho affittato l'**isola** per tutta la settimana.

Hey Mädels, ich hab' die Insel die ganze Woche gemietet.

l'acqua
['akkua] *n f*
das Wasser

Non vuoi proprio provare in **acqua**?

Willst du es nicht doch mal im Wasser probieren?

l'oceano
[o'tʃɛːano] *n m*
der Ozean

il Mediterraneo
[mediter'raːneo] *n*
das Mittelmeer

il Pacifico
[pa'tʃiːfiko] *n*
der Pazifik

l'Atlantico
[a'tlantiko] *n m*
der Atlantik

l'Oceano Indiano
[o'tʃɛːano in'djaːno] *n m*
der Indische Ozean

l'onda
['onda] *n f*
die Welle

Dobbiamo solo superare quest'**onda** e poi ce l'abbiamo fatta.

Wir müssen noch durch diese Welle, dann haben wir es geschafft.

il mare
['maːre] *n*
das Meer

Senza code, attraverso il **mare**, verso il raduno delle tartarughe.

Ohne Stau durchs Meer auf dem Weg zum Schildkrötentreffen.

il **tempo**
['tɛmpo] *n*
das Wetter

Non esiste brutto **tempo**, solo abbigliamento sbagliato.

Es gibt kein schlechtes Wetter, nur falsche Kleidung.

il **clima**
['kli:ma] *n*
das Klima

Il **clima** sta cambiando, figlio mio.

Das Klima verändert sich, mein Kind.

la **temperatura**
[tempera'tu:ra] *n*
die Temperatur

Alla **temperatura** giusta, taglio il vetro con le forbici.

Bei der richtigen Temperatur schneide ich Glas mit der Schere.

soleggiato, -a
[sole'ddʒa:to, -a] *adj*
sonnig

Nei giorni **soleggiati** preferisco drink analcolici.

An sonnigen Tagen bevorzuge ich alkoholfreie Drinks.

normale
[nor'ma:le] *adj*
normal

La neve a Pasqua è diventata quasi una cosa **normale**.

Schnee zu Ostern ist schon fast normal geworden.

fresco, -a
['fresko, -a] *adj*
kühl

Chi vuole avere l'appartamento **fresco**, deve riscaldare l'ambiente.

Wer die Wohnung kühl haben will, muss die Umwelt heizen.

caldo, -a
['kaldo, -a] *adj*
heiß, warm

freddo, -a
['freddo, -a] *adj*
kalt

la **nuvola**
['nu:vola] *n*
die Wolke

Sì sì, la cilindrata andava bene, ma la cosa importante per lui era la magnifica **nuvola**.

Hubraum schön und gut, aber das Wichtigste war ihm die schicke Wolke.

il **caldo**
['kaldo] *n*
die Hitze, die Wärme

il **freddo**
['freddo] *n*
die Kälte

nuvoloso, -a
[nuvo'lo:so, -a] *adj*
bewölkt

asciutto, -a
[aʃ'ʃutto, -a] *adj*
trocken

Diventa davvero **asciutta** solo asciugandola a mano.

Richtig trocken wird es nur von Hand.

soffiare
[sof'fja:re] *v*
wehen, blasen

Quando il **vento soffia** così forte, il mio parrucchiere è contento.

Wenn der Wind so heftig weht, freut sich mein Friseur.

il **vento**
['vɛnto] *n*
der Wind

bagnato, -a
[baɲ'ɲa:to, -a] *adj*
nass

Anche se sono tutto **bagnato**, rimango qui finché Don Silvio ha bisogno di me.

Auch wenn ich klatschnass bin, ich bleibe hier, bis Don Silvio mich braucht.

la **tempesta**
[tem'pɛsta] *n*
der Sturm

Voi mammolette, chiamate **tempesta** quest'arietta leggera?

Ihr Memmen, dieses laue Lüftchen nennt ihr einen Sturm?

la **pioggia**
['pjɔddʒa] *n*
der Regen

Io mi diverto molto sotto la **pioggia**. I miei genitori un po' meno.

Im Regen habe ich am meisten Spaß. Meine Eltern weniger.

il **fulmine**
['fulmine] *n*
der Blitz

I **fulmini** non si fermano nemmeno davanti alle chiese.

Blitze machen auch vor Kirchen nicht Halt.

il **temporale**
[tempo'ra:le] *n*
das Gewitter

la **nebbia**
['nebbja] *n*
der Nebel

La **nebbia** ha coperto a poco a poco la zona industriale.

Der Nebel hat das Industriegebiet gnädig zugedeckt.

nevicare
[nevi'ka:re] *v*
schneien

Solo i bambini sono contenti quando **nevica**.

Nur Kinder freuen sich, wenn es schneit.

il **fuoco**
['fuɔ:ko] *n*
das Feuer

Nel **fuoco è bruciata** anche tutta la mia raccolta di fumetti.

Im Feuer verbrannte auch meine ganze Comicsammlung.

bruciare
[bru'tʃa:re] *v*
(ver)brennen

il **ghiaccio**
['gjattʃo] *n*
das Eis

È meglio se restiamo dentro, il balcone è pieno di **ghiaccio**.

Bleiben wir lieber drin, der Balkon ist voll Eis.

l'**alluvione**
[allu'vjo:ne] *n f*
die Überschwemmung

Questa è solo una pozzanghera o è già un'**alluvione**?

Ist das noch eine Pfütze oder schon eine Überschwemmung?

nuvoloso, -a
[nuvo'lo:so, -a] *adj*
bewölkt, wolkig

la **neve**
['ne:ve] *n*
der Schnee

piovere
['pjɔ:vere] *v*
regnen

fare freddo/caldo
['fa:re 'freddo/'kaldo] *phrase*
kalt/heiß sein

WELTALL

l'**universo**
[uni'vɛrso] *n m*
das All,
das Universum

Due cose sono infinite: l'**universo** e la stupidità umana …

Zwei Dinge sind unendlich, das Universum und die menschliche Dummheit …

lo **spazio**
['spatsjo] *n*
der Weltraum

il **cielo**
['tʃɛ:lo] *n*
der Himmel

Gli aerei devono stare in **cielo**, non in spiaggia.

Flugzeuge gehören in den Himmel, nicht an den Strand.

la **luna**
['lu:na] *n*
der Mond

la **terra**
['tɛrra] *n*
die Erde

Dalla **terra** alla **luna** la luce impiega quasi un secondo e mezzo.

Von der Erde zum Mond braucht das Licht knapp 1,5 Sekunden.

il **sole**
['so:le] *n*
die Sonne

Il **sole** qualche volta rivela il suo senso per il drammatico.

Die Sonne hat manchmal einen besonderen Sinn für Dramatik.

l'**aria**
['a:rja] *n*
die Luft

Strano animale, trasporta la sua **aria** sulle spalle.

Seltsames Tier: Es trägt seine Luft auf dem Rücken.

la **stella**
['stella] *n*
der Stern

Per ogni vera star qui c'è una **stella**.

Für jeden echten Star gibt es hier einen Stern.

il **satellite**
[sa'tɛllite] *n*
der Satellit

Il raggio mortale del **satellite** si dirigeva su Bad Aibling.

Der Todesstrahl des Satelliten richtete sich auf Bad Aibling.

l'**astronauta**
[astro'na:uta] *n m/f*
der Astronaut,
die Astronautin

Non tutti gli **astronauti** si chiamano Major Tom.

Nicht jeder Astronaut heißt Major Tom.

RAUM & ZEIT

il **tempo**

['tɛmpo] *n*

die Zeit

Un'eclissi di sole si vede solo per poco **tempo**.

Eine Sonnenfinsternis sieht man nur für kurze Zeit.

DAS JAHR

l'**anno**
['anno] *n m*
das Jahr

Nell'**anno** del Drago si dice che nascano grandi uomini.

Im Jahr des Drachen, heißt es, werden große Männer geboren.

gennaio
[dʒen'na:jo] *n m*
der Januar

febbraio
[feb'bra:jo] *n m*
der Februar

marzo
['martso] *n m*
der März

aprile
[a'pri:le] *n m*
der April

maggio
['maddʒo] *n m*
der Mai

giugno
['dʒuɲɲo] *n m*
der Juni

luglio
['luʎʎo] *n m*
der Juli

agosto
[a'gosto] *n m*
der August

settembre
[set'tɛmbre] *n m*
der September

ottobre
[ot'to:bre] *n m*
der Oktober

novembre
[no'vɛmbre] *n m*
der November

dicembre
[di'tʃɛmbre] *n m*
der Dezember

la **primavera**
[prima'vɛ:ra] *n*
der Frühling

l'**estate**
[es'ta:te] *n f*
der Sommer

l'**autunno**
[au'tunno] *n m*
der Herbst

l'**inverno**
[in'vɛrno] *n m*
der Winter

la **stagione**
[sta'dʒo:ne] *n*
die Jahreszeit

Ogni **stagione** ha i suoi pericoli.

Jede Jahreszeit hat ihre Gefahren.

il **mese**
['me:se] *n*
der Monat

Il **mese** di agosto per molti è sinonimo di vacanze.

Der Monat August ist für viele gleichbedeutend mit Ferien.

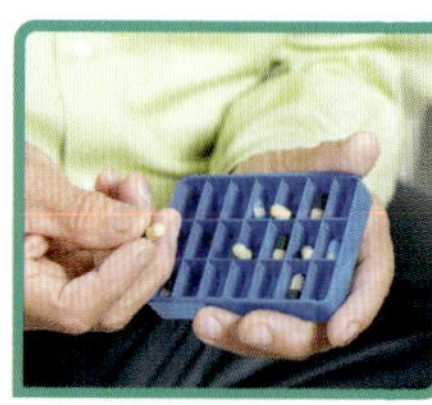

la **settimana**
[setti'ma:na] *n*
die Woche

Heinz prepara i suoi medicinali per la **settimana**.

Heinz richtet seine Medikamente für die Woche her.

Im Italienischen werden für Datumsangaben die Grundzahlen verwendet: il dodici gennaio heißt „der zwölfte Januar“ oder „am zwölften Januar“. Einzige Ausnahme ist der Monatserste, z. B. il primo febbraio.

il fine settimana
['fi:ne setti'ma:na] *n*
das Wochenende

Il **fine settimana** ho rivisto Manu finalmente.

Am Wochenende habe ich Manu endlich wiedergesehen.

il giorno feriale
['dʒorno fe'rja:le] *n*
der Werktag

La consegna avviene solo nei **giorni feriali**.

Die Lieferung erfolgt nur an Werktagen.

il lunedì
[lune'di] *n*
der Montag

il martedì
[marte'di] *n*
der Dienstag

il mercoledì
[merkole'di] *n*
der Mittwoch

il giovedì
[dʒove'di] *n*
der Donnerstag

il venerdì
[vener'di] *n*
der Freitag

il sabato
['sa:bato] *n*
der Samstag, der Sonnabend

la domenica
[do'me:nika] *n*
der Sonntag

la **vigilia (di Natale)**
[vi'dʒiːlja (di na'taːle)] *n*
der Heiligabend

No, Sophie, le palline rimangono appese fino a dopo la **vigilia**.

Nein Sophie, die Kugeln bleiben bis nach Heiligabend dran.

il **Natale**
[na'taːle] *n*
Weihnachten

Quest'anno trascorriamo il **Natale** in spiaggia.

Dieses Jahr verbringen wir Weihnachten am Strand.

il **primo dell'anno**
['priːmo del'lanno] *n*
der Neujahrstag

Il **primo dell'anno** i buoni propositi erano già tutti dimenticati.

Schon am Neujahrstag waren alle guten Vorsätze vergessen.

l'**ultimo dell'anno**
['ultimo del'lanno] *n m*
Silvester

Non riesco a immaginarmi l'**ultimo dell'anno** senza fuochi d'artificio.

Ohne Feuerwerk kann ich mir Silvester gar nicht vorstellen.

il carnevale
[karne'vaːle] *n*
der Karneval

Quest'anno, a **carnevale**, Marisa ha avuto la sua grande esibizione con le farfalle.

Im diesjährigen Karneval hatte Marisa ihren großen Auftritt mit den Schmetterlingen.

il Venerdì Santo
[vener'di 'santo] *n*
der Karfreitag

Il **Venerdì Santo** ci sono processioni dappertutto nel mondo.

Am Karfreitag gibt es überall auf der Welt Prozessionen.

la Pasqua
['paskua] *n*
Ostern

Credi davvero che a **Pasqua** un coniglio porti le uova?

Glaubst du wirklich, dass zu Ostern ein Hase Eier bringt?

la Pentecoste
[pente'kɔste] *n*
Pfingsten

A **Pentecoste** scende lo Spirito Santo.

An Pfingsten kommt der Heilige Geist herab.

DER TAG

il giorno
['dʒorno] *n*
der Tag

Questo è stato il **giorno** in cui Oskar ha imparato ad andare in bicicletta.

Das war der Tag, als Oskar Fahrrad fahren gelernt hat.

la **mezzanotte**
[meddza'nɔtte] *n*
die Mitternacht

A **mezzanotte** apparve lo spirito della figliastra morta.

Um Mitternacht erschien der Geist der toten Stieftochter.

quotidiano, -a
[kuoti'dja:no, -a] *adj*
täglich

Il viaggio **quotidiano** verso la terraferma per andare a scuola è la cosa più bella della giornata.

Die tägliche Fahrt aufs Festland in die Schule ist das Beste am Tag.

il **pomeriggio**
[pome'riddʒo] *n*
der Nachmittag

Trascorro i miei **pomeriggi** per lo più sul campo da golf.

Meine Nachmittage verbringe ich meist auf dem Golfplatz.

stamattina
[stamat'ti:na] *adv*
heute Morgen, heute Vormittag

stasera
[sta'se:ra] *adv*
heute Abend

stanotte
[sta'nɔtte] *adv*
heute Nacht

la **mattina**
[mat'ti:na] *n*
der Morgen

il **mezzogiorno**
[meddzo'dʒorno] *n*
der Mittag

la **sera**
['se:ra] *n*
der Abend

la **notte**
['nɔtte] *n*
die Nacht

di/la mattina
[di/la mat'ti:na] *phrase*
morgens, vormittags

La mattina i bambini vanno a scuola…

Vormittags gehen die Kinder in die Schule …

il **secondo**
[se'kondo] *n*
die Sekunde

Mancano ancora due **secondi** a mezzogiorno.

Es sind noch zwei Sekunden bis zwölf.

di/il pomeriggio
[di/il pome'riddʒo] *phrase*
nachmittags

… e **il pomeriggio** corrono fuori.

… und nachmittags rennen sie wieder raus.

il **minuto**
[mi'nu:to] *n*
die Minute

Per gli spinaci surgelati occorrono otto **minuti** nel mio forno a microonde.

Tiefkühlspinat braucht acht Minuten in meiner Mikrowelle.

l'ora
['o:ra] *n f*
die Stunde

Un'opera del genere può durare molte **ore**. Moltissime **ore** …

So eine Oper kann viele Stunden dauern. Sehr viele Stunden …

> *In Zeitangaben heißt ora auch „Uhr": Che ora è? – „Wie viel Uhr ist es?" Auch der Plural (Che ore sono?) ist gebräuchlich.*

a, alle
[a], ['alle] *prep*
um

Alle due di notte c'è ancora gente in giro per le strade.

Um zwei Uhr nachts ist auf den Straßen noch was los.

le sei meno sette minuti
[le 'sɛːi 'meːno 'sɛtte mi'nuːti] *phrase*
sieben Minuten vor sechs

le nove meno un quarto
[le 'nɔːve 'meːno un 'kuarto] *phrase*
Viertel vor neun

le tre in punto
[le 'tre in 'punto] *phrase*
Punkt drei Uhr

le sette e quattro
[le 'sɛtte e 'kuattro] *phrase*
vier nach sieben

le nove e mezzo
[le 'nɔːve e 'mɛddzo] *phrase*
halb zehn

Che ora ...?
[ke 'oːra] *phrase*
Wie spät ...?

Non ho idea di **che ora** sia.

Ich habe keine Ahnung, wie spät es ist.

il quarto d'ora
['kuarto 'doːra] *n*
die Viertelstunde

Ha detto un **quarto d'ora**, ed era **mezz'ora** fa ...

Eine Viertelstunde hat sie gesagt, und das war vor einer halben Stunde ...

la mezz'ora
[med'dzoːra] *n*
die halbe Stunde

oggi
['ɔddʒi] *adv*
heute

Oggi becco l'onda perfetta.

Heute erwische ich die perfekte Welle.

ieri
['jɛːri] *adv*
gestern

Se solo avessi cambiato l'acqua **ieri**…

Hätte ich gestern nur das Wasser gewechselt …

domani
[do'maːni] *adv*
morgen

Domani il bocciolo dovrebbe essersi aperto completamente.

Morgen müsste die Blüte ganz aufgegangen sein.

mentre
['mentre] *conj*
während

Mentre si esibisce con la bicicletta monoruota, Tom lancia in aria e riprende cinque palline.

Während seiner Einradnummer jongliert Tom mit fünf Bällen.

adesso
[a'dɛsso] *adv*
jetzt

Riposiamoci un po' **adesso**, si è addormentata.

Lass uns jetzt ausruhen, sie ist eingeschlafen.

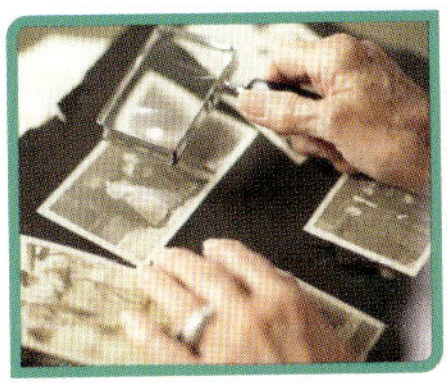

fa
[fa] *adv*
vor

Questo risale a 85 anni **fa** quando si sposarono i miei nonni.

Das war vor 85 Jahren, als meine Großeltern heirateten.

la **data**
['daːta] *n*
das Datum

L'orologio di Erik mostra perfino la **data** giusta.

Eriks Uhr zeigt sogar das richtige Datum an.

il **momento**
[mo'mento] *n*
der Moment

Stava aspettando proprio il **momento** giusto.

Sie passte genau den richtigen Moment ab.

quando
['kuando] *adv*
wann

Quando voleva venirmi a prendere papà?

Wann wollte Papa mich abholen?

prima
['pri:ma] *adv*
vorher, früher, zuerst

dopo
['do:po] *adv*
nachher, später, danach

infine
[in'fi:ne] *adv*
zuletzt, schließlich

presto
['prεsto] *adv*
früh

Se arrivo abbastanza **presto** ho il lago tutto per me.

Wenn ich früh genug da bin, habe ich den See ganz für mich.

tardi
['tardi] *adv*
spät

In città come queste le persone vanno a dormire molto **tardi**.

In Städten wie dieser gehen die Menschen sehr spät schlafen.

in tempo
[in 'tεmpo] *adv*
rechtzeitig

Per fortuna l'anello è stato consegnato **in tempo**.

Zum Glück ist der Ring noch rechtzeitig geliefert worden.

improvvisamente
[improvviza'mente] *adv*
plötzlich

Improvvisamente si udì un boato e una valanga precipitò verso di noi.

Plötzlich knallte es, und eine Lawine raste auf uns zu.

dopo
['do:po] *prep*
nach

Dopo la cena ognuno porta via il suo piatto, altrimenti niente dessert.

Nach dem Essen räumt jeder seinen Teller ab, sonst gibt es keinen Nachtisch.

iniziare
[ini'tsja:re] *v*
beginnen, anfangen

Le ferie **iniziano** proprio bene …

Die Ferien fangen ja gut an …

finire
[fi'ni:re] *v*
(be)enden

Il film western **è finito** come sempre.

Der Western endete wie üblich.

fermare
[fer'ma:re] *v*
anhalten, aufhalten

Sbrigati, **ferma** la macchina!

Schnell, halt die Maschine an!

subito
['su:bito] *adv*
sofort

Il medico di servizio è arrivato **subito**.

Der Notarzt war sofort da.

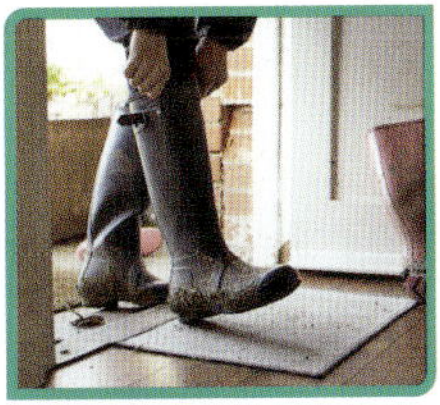

prima di
['pri:ma di] *prep*
bevor, vor

Per favore togliti gli stivali **prima di** entrare!

Zieh gefälligst deine Stiefel aus, bevor du reinkommst!

tra poco
[tra 'pɔ:ko] *adv*
bald

Tra poco ci siamo, poi ci possiamo scordare di uscire la sera.

Bald ist es soweit, und dann ist es vorbei mit abends Weggehen.

non appena

[non ap'pe:na] *conj*

sobald

Non appena è pronto l'arco, ci verrà messa sopra la carreggiata.

Sobald der Bogen fertig ist, kommt die Fahrbahn drüber.

da

[da] *prep*

seit

Da sempre l'uomo cerca di istruirsi.

Seit jeher versucht der Mensch, sich weiterzubilden.

fino a

['fi:no a] *prep*

bis

Anche se non si vede nessun treno, dobbiamo aspettare **fino a** quando si alza la sbarra.

Auch wenn kein Zug zu sehen ist: Wir müssen warten, bis die Schranke hoch geht.

già

[dʒa] *adv*

schon

Davvero sembro **già** così vecchio?

Sehe ich wirklich schon so alt aus?

di solito

[di 'sɔ:lito] *adv*

meistens, normalerweise

Quando guardo così, la mia padroncina **di solito** mi porta fuori.

Wenn ich so schaue, geht Frauchen meistens mit mir raus.

spesso

['spesso] *adv*

oft, häufig

A Venezia ci si può ritrovare **spesso** con i piedi bagnati.

Nasse Füße kann man sich in Venedig oft holen.

durare

[du'ra:re] *v*

dauern

Ha il giornale con sé, **durerà** un po'.

Er hat die Zeitung dabei – das wird dauern.

(non) … mai
[(non) 'maːi] *adv*
nie, niemals

Nie kannst du warten, bis alle da sind!

sempre
['sɛmpre] *adv*
immer

Immer hast du was zu meckern.

a volte
[a 'vɔlte] *adv*
manchmal

A volte Dolly è l'unica a capire le mie poesie.

Manchmal ist Dolly die Einzige, die meine Gedichte versteht.

ancora
[aŋ'koːra] *adv*
noch

Per favore non chiudete, sono **ancora** in ufficio.

Bitte noch nicht abschließen, ich bin noch im Büro.

ora
['oːra] *adv*
jetzt

raramente, di rado
[rara'mente], [di 'raːdo] *adv*
selten

finora
[fi'noːra] *adv*
bis jetzt

il luogo
['luɔːgo] *n*
der Ort, der Platz

Volevo tenere segreto questo **luogo**, ma la comitiva di turisti mi ha seguito.

Ich wollte diesen Ort geheim halten, aber die Reisegruppe war mir gefolgt.

il **paese**
[pa'e:ze] *n*
das Dorf

... in **paese** c'è più spazio ma la convivenza non è per questo più facile.

... im Dorf hat man mehr Platz, aber miteinander auszukommen ist deshalb nicht leichter.

la **città**
[tʃit'ta] *n*
die Stadt

In **città** le persone devono vivere insieme in uno spazio ristretto ...

In der Stadt müssen Menschen auf engstem Raum miteinander auskommen ...

il **quartiere**
[kuar'tjɛ:re] *n*
das Viertel

Vivi in questo **quartiere**? Non ci sono troppi turisti?

Wohnst du in diesem Viertel? Ist dir das nicht zu touristisch?

la **piazza**
['pjattsa] *n*
der Platz

Su questa **piazza** starebbe bene una bella statua equestre!

Auf diesen Platz gehört ein ansehnliches Reiterstandbild!

il **cimitero**
[tʃimi'tɛ:ro] *n*
der Friedhof

Non mi piacerebbe essere sepolto in questo **cimitero**!

Auf diesem Friedhof möchte ich nicht begraben sein!

il **parco**
['parko] *n*
der Park

Durante il giorno, il **parco** può essere davvero bello.

Tagsüber kann der Park wirklich schön sein.

per
[per] *prep*
nach

Il treno veloce **per** Amburgo oggi è puntuale in via eccezionale.

Der ICE nach Hamburg ist heute ausnahmsweise pünktlich.

lì
[li] *adv*
dort; dorthin

Ich glaub', dort oben kreist ein Geier.

dove
['do:ve] *adv*
wo, wohin

Wo denn?

su
[su] *prep*
auf, über

Quando vuole stare comoda, si stende **su** tutt'e due i cani.

Wenn sie's bequem haben will, legt sie sich auf die beiden Hunde.

dietro a
['djɛ:tro a] *prep*
hinter

Ehi, non ti nascondere **dietro all**'ombrello!

Hey, versteck dich nicht hinter dem Schirm!

la **direzione**
[dire'tsjo:ne] *n*
die Richtung

Ognuno decide da sé in che **direzione** andare.

Jeder entscheidet selbst, in welche Richtung er geht.

qui
[kui] *adv*
hier, hierher

dappertutto
[dapper'tutto] *adv*
überall

davanti a
[da'vanti a] *prep*
vor

vicino
[vi'tʃi:no] *adv*
in der Nähe

sopra
['so:pra] *prep*
über

Sopra di noi si mostrò una strana luce.

Über uns zeigte sich ein eigenartiges Licht.

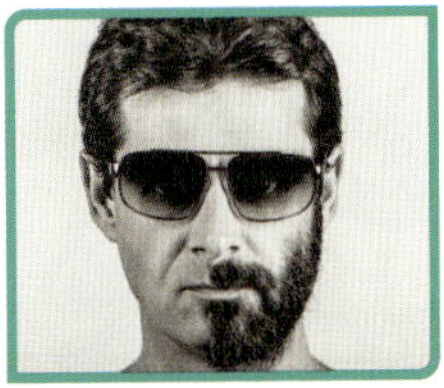

il lato
['la:to] *n*
die Seite

Quale **lato** ti piace di più?

Welche Seite gefällt dir besser?

in alto
[in 'alto] *adv*
oben

in basso
[in 'basso] *adv*
unten

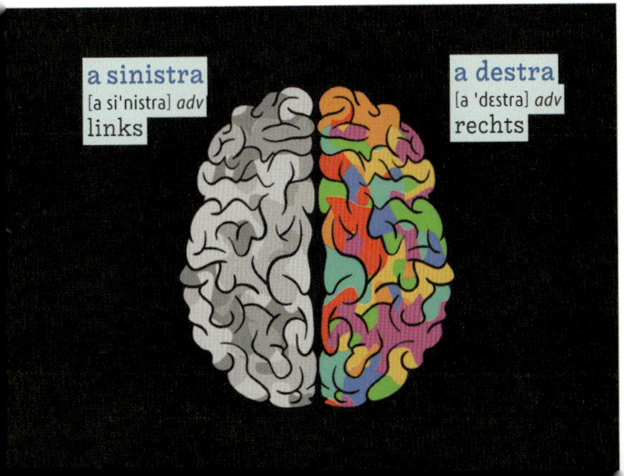

a sinistra
[a si'nistra] *adv*
links

a destra
[a 'dɛstra] *adv*
rechts

avanti
[a'vanti] *adv*
nach vorn, vorwärts

Per il mio campione si va sempre e solo **avanti**.

Für meinen Champion geht es immer nur nach vorn.

in
[in] *prep*
in, auf, an

Sono quasi morto di paura quando ho visto cosa c'era **in** quella cassa.

Ich erschrak fast zu Tode, als ich sah, was in jener Kiste war.

intorno a
[in'torno a] *prep*
um (herum)

Guardavo stupito come il serpente si avvolgeva a poco a poco **intorno al** ramo.

Erstaunt sah ich zu, wie sich die Schlange nach und nach um den Ast wickelte.

attraverso
[attra'vɛrso] *prep*
durch

Camminate **attraverso** il crepaccio e vedrete che meraviglia.

Geht nur durch den Spalt, und ihr werdet Augen machen!

sotto
['sotto] *prep*
unter

Signora Müller, che cosa fa **sotto** il tavolo?

Frau Müller, was machen Sie denn da unter dem Tisch?

basso, -a
['basso, -a] *adj*
niedrig

Che **basse** quelle case laggiù!

Da stehen aber niedrige Häuser!

accanto a
[ak'kanto a] *prep*
neben

Luke è seduto **accanto a** Bob, e Bob **accanto a** Warren, e Warren …

Luke sitzt neben Bob, und Bob neben Warren, und Warren …

alto, -a
['alto, -a] *adj*
hoch

Oggi voglio arrivare anche su quell'**alta** vetta lassù.

Zu diesem hohen Gipfel dort will ich heute auch noch.

fuori
['fuɔːri] *adv*
(dr)außen

dentro
['dentro] *adv*
(dr)innen

Dentro non c'era più caldo che **fuori**.

Drinnen war es auch nicht wärmer als draußen.

Quando lanciano il bastone non c'è nessuna differenza **fra** i due.

fra, tra
[fra], [tra] *prep*
zwischen

Beim Stöckchenwerfen gibt es zwischen den beiden keinen Unterschied.

verso
['vɛrso] *prep*
nach, in Richtung

giù
[dʒu] *adv*
unten, herunter, hinunter

indietro
[in'djɛːtro] *adv*
zurück

FARBEN & FORMEN

il **colore**
[ko'lo:re] *n*
die Farbe

Il festival indiano Holi porta davvero **colore** nella nostra vita!

Das indische Holi-Fest bringt echt Farbe in unser Leben!

la **linea**
['li:nea] *n*
die Linie

la **forma**
['forma] *n*
die Form

rotondo, -a
[ro'tondo, -a] *adj*
rund

il **quadrato**
[kua'dra:to] *n*
das Quadrat

il **triangolo**
[tri'aŋgolo] *n*
das Dreieck

il **rettangolo**
[ret'taŋgolo] *n*
das Rechteck

il **cerchio**
['tʃerkjo] *n*
der Kreis

bianco, -a
['bjaŋko, -a] *adj*
weiß

nero, -a
['ne:ro, -a] *adj*
schwarz

giallo, -a
['dʒallo, -a] *adj*
gelb

grigio, -a
['gri:dʒo, -a] *adj*
grau

rosa
['rɔ:za] *adj*
rosa

arancione
[aran'tʃo:ne] *adj*
orange

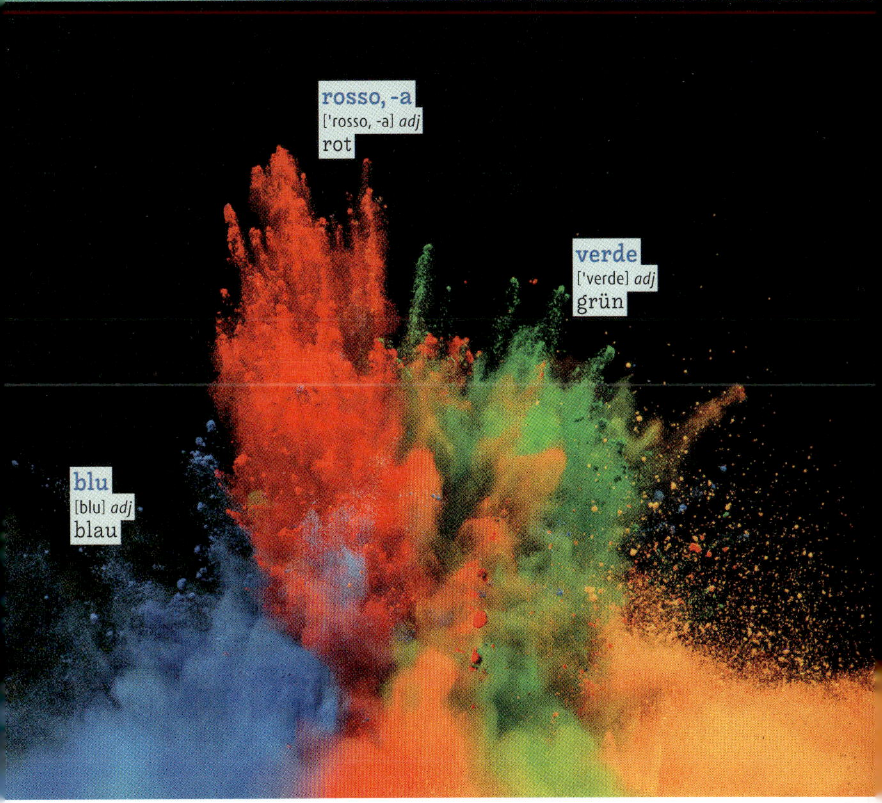

marrone
[mar'ro:ne] *adj*
braun

JEDE MENGE

tutto, -a
['tutto] *adj*
ganze(r, -s)

tutto
['tutto] *pron*
alles

Qui trovi **tutto** e puoi esaudire **tutti** i tuoi desideri – se il limite della tua carta di credito è sufficiente.

Hier bekommst du alles und kannst deine ganzen Wünsche erfüllen – wenn dein Kreditkartenlimit stimmt.

Der Plural tutti bzw. tutte wird mit „alle" übersetzt, z. B. tutti i libri – „alle Bücher".

molto
['molto] *adv*
sehr

Amo **molto** la mia padroncina perché apre le scatolette per me.

Ich liebe Frauchen sehr, weil sie die Dosen für mich öffnet.

tanto, -a
['tanto, -a] *adj*
so viel(e), viel(e)

Con le foto delle vacanze di Paul c'era da farsi così **tante** risate!

Pauls Urlaubsbilder – wir hatten so viel zu lachen!

circa
['tʃirka] *adv*
etwa, ungefähr

L'hamburger era alto **circa** così.

Der Hamburger war ungefähr so hoch.

molto, -a
['molto, -a] *adj*
viel(e)

Per **molti** dei partecipanti era la prima maratona.

Für viele der Teilnehmer war es der erste Marathon.

quanto
['kuanto] *adv*
wie viel

Quanto vuole per tutte queste cianfrusaglie?

Wie viel verlangen Sie für den ganzen Krempel?

qualsiasi
[kual'si:asi] *pron*
irgendein(e); jede(r, -s)

Si scelga un **qualsiasi** posto a piacere.

Suchen Sie sich irgendeinen Platz aus.

qualche
['kualke] *adj*
einige, ein paar

ogni
['oɲɲi] *adj*
jede(r, -s); alle

non ... nessuno
[non nes'su:no] *pron*
niemand

qualcosa
[kual'kɔ:sa] *pron*
etwas

Cerchi **qualcosa** in particolare nei miei cassetti?

Suchst du was Bestimmtes in meinen Schubladen?

un po'
[un pɔ] *adv*
etwas, ein bisschen

... e adesso **un po'** di bava di rospo ...

... und nun noch ein bisschen Krötenschleim ...

Je nach Verwendung kann poco auch Adjektiv oder Adverb sein: poche persone – „wenige Menschen" bzw. il lavoro mi piace, ma guadagno poco – „die Arbeit gefällt mir, aber ich verdiene wenig".

poco, -a
['pɔːko, -a] *pron*
wenig

Liefern Sie heute nur so wenig?

oltre
['oltre] *prep*
über, weiter, mehr als

Fra poco l'acqua arriverà **oltre** le sponde del fiume.

Gleich tritt das Wasser über die Ufer des Flusses.

(di) più
[(di) pju] *adv*
mehr

Non ci stanno **più** tatuaggi. Peccato!

Mehr Tattoos passen nicht drauf. Schade!

meno
['meːno] *adv*
weniger

Via tutto, oggi si portano **meno** baffi.

Weg damit. Man trägt heute weniger Schnurrbart.

ognuno, ciascuno
[o'ɲuːno], [tʃas'kuːno] *pron*
jeder

Ognuno deve fare la sua foto personale del concerto.

Jeder braucht ein eigenes Foto vom Konzert.

qualcuno, -a
[kual'kuːno, -a] *pron*
jemand

Qualcuno può forse aiutarmi?

Kann mir vielleicht bitte jemand helfen?

abbastanza
[abbas'tantsa] *adv*
genug

Credo che tu adesso abbia **abbastanza** farina, Marie!
Ich glaube, du hast jetzt genug Mehl, Marie!

la **metà**
[me'ta] *n*
die Hälfte

Quale **metà** preferisci?
Welche Hälfte möchtest du?

il **gruppo**
['gruppo] *n*
die Gruppe

Nel **gruppo** dobbiamo poter parlare davvero di tutto.
Wir müssen in der Gruppe über wirklich alles sprechen können.

il **pezzo**
['pɛttso] *n*
der Teil

Raccogli tutti i **pezzi**, forse possiamo incollarli.
Sammle alle Teile ein, vielleicht können wir es kleben.

il **paio**
['paːjo] *n*
das Paar

Guarda un po', ho trovato un **paio** di sci in cantina.
Schau mal, ich habe ein Paar Ski im Keller gefunden.

il **metro**
['mɛːtro] *n*
der Meter

Accidenti, sei già alta un **metro**!
Mein Gott, nun bist du schon einen Meter groß!

non ... niente
[non ... 'njɛnte] *pron*
nichts

Come vede, **non** vede **niente**.
Wie Sie sehen, sehen Sie nichts.

Il vulcano si erge sul mare per quasi un **chilometro**.
Fast einen Kilometer ragt der Vulkan über dem Meer auf.

il **chilometro**
[ki'lɔ:metro] *n*
der Kilometer

la **tonnellata**
[tonnel'la:ta] *n*
die Tonne

Quest'esemplare magnifico pesa quasi una **tonnellata**.
Dieses Prachtexemplar wiegt fast eine Tonne.

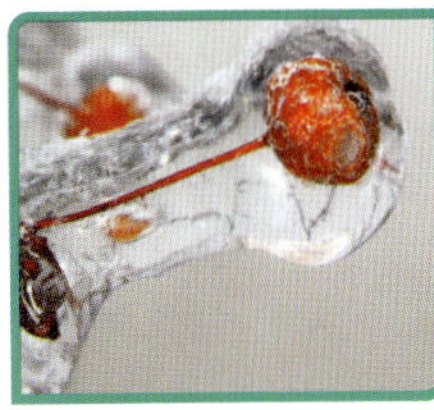

il **grado**
['gra:do] *n*
der Grad

A meno di zero **gradi** l'acqua diventa ghiaccio.
Unter null Grad wird Wasser zu Eis.

il **chilo(grammo)**
['ki:lo, kilo'grammo] *n*
das Kilo(gramm)

Con un **chilo** d'oro, potrei andare in vacanza senza problemi.
Mit einem Kilo Gold könnte ich unbeschwert Urlaub machen.

il **litro**
['li:tro] *n*
der Liter

All'Oktoberfest la birra viene servita solo in bicchieri da un **litro**.
Auf dem Oktoberfest gibt's Bier nur in Ein-Liter-Gläsern.

il **millimetro**
[mil'li:metro] *n*
der Millimeter

il **centimetro**
[tʃen'ti:metro] *n*
der Zentimeter

il **grammo**
['grammo] *n*
das Gramm

DIE ZAHLEN

il **numero**

['nu:mero] *n*

die Zahl, die Nummer

Il **numero** 8 attaccava il **numero** 9, mentre il **numero** 6 bloccava.

Die Nummer 8 attackierte die Nummer 9, während die Nummer 6 blockte.

zero
['dzɛ:ro]
null

uno
['u:no]
eins

due
['du:e]
zwei

tre
[tre]
drei

quattro
['kuattro]
vier

cinque
['tʃiŋkue]
fünf

sei
['sɛ:i]
sechs

sette
['sɛtte]
sieben

otto
['ɔtto]
acht

nove
['nɔ:ve]
neun

dieci
['djɛ:tʃi]
zehn

undici
['unditʃi]
elf

dodici
['do:ditʃi]
zwölf

tredici
['tre:ditʃi]
dreizehn

quattor-dici
[kuat'torditʃi]
vierzehn

quindici
['kuinditʃi]
fünfzehn

sedici
['se:ditʃi]
sechzehn

diciassette
[ditʃas'sɛtte]
siebzehn

diciotto
[di'tʃɔtto]
achtzehn

diciannove
[ditʃan'nɔ:ve]
neunzehn

venti
['venti]
zwanzig

ventuno
[ven'tu:no]
einund-zwanzig

ventidue
[venti'du:e]
zweiund-zwanzig

ventitré
[venti'tre]
dreiund-zwanzig

venti-quattro
[venti'kuattro]
vierund-zwanzig

trenta
['trenta]
dreißig

quaranta
[kua'ranta]
vierzig

cinquanta
[tʃiŋ'kuanta]
fünfzig

sessanta
[ses'santa]
sechzig

settanta
[set'tanta]
siebzig

ottanta
[ot'tanta]
achtzig

novanta
[no'vanta]
neunzig

cento
['tʃɛnto]
(ein)hundert

centouno
[tʃɛnto'u:no]
hundertundeins

cinquecento
[tʃiŋkue'tʃɛnto]
fünfhundert

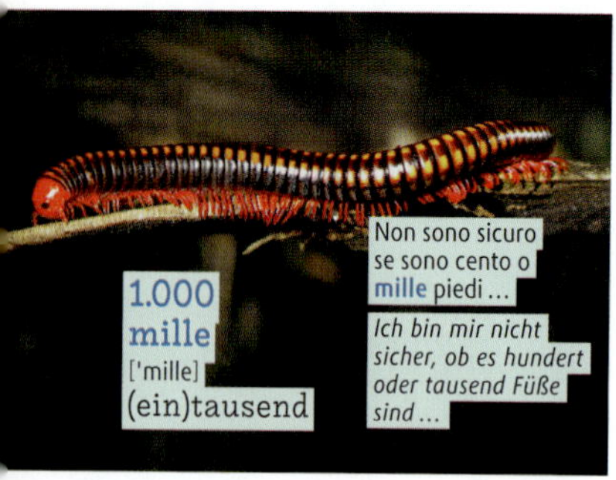

1.000
mille
['mille]
(ein)tausend

Non sono sicuro se sono cento o **mille** piedi ...

Ich bin mir nicht sicher, ob es hundert oder tausend Füße sind ...

1.000.000
un milione
[un mi'ljo:ne] *n*
eine Million

Un milione di credenti durante la preghiera.

Eine Million Gläubige beim Gebet.

1.000.000.000
un miliardo
[un mi'ljardo] *n*
eine Milliarde

Questa casa costa **un miliardo** di euro.

Dieses Haus kostet eine Milliarde Euro.

contare
[kon'ta:re] *v*
zählen

Devi **contare** fino a cento ...

Du musst bis 100 zählen ...

primo
['pri:mo] *adj*
erster

secondo
[se'kondo] *adj*
zweiter

terzo
['tɛrtso] *adj*
dritter

quarto
['kuarto] *adj*
vierter

quinto
['kuinto] *adj*
fünfter

sesto
['sɛsto] *adj*
sechster

settimo
['sɛttimo] *adj*
siebter

ottavo
[ot'ta:vo] *adj*
achter

nono
['nɔ:no] *adj*
neunter

decimo
['dɛ:tʃimo] *adj*
zehnter

undicesimo
[undi'tʃɛ:zimo] *adj*
elfter

dodicesimo
[dodi'tʃɛ:zimo] *adj*
zwölfter

Die weiblichen Formen der Ordnungszahlen werden regulär auf die Endung *-a* gebildet, also *prima*, *seconda*, *terza*, usw.

tredicesimo
[tredi'tʃɛ:zimo] *adj*
dreizehnter

quattor-dicesimo
[kuattordi'tʃɛ:zimo] *adj*
vierzehnter

quin-dicesimo
[kuindi'tʃɛ:zimo] *adj*
fünfzehnter

sedicesimo
[sedi'tʃɛ:zimo] *adj*
sechzehnter

diciasset-tesimo
[ditʃasset'tɛ:zimo] *adj*
siebzehnter

diciot-tesimo
[ditʃot'tɛ:zimo] *adj*
achtzehnter

dicianno-vesimo
[ditʃanno-'vɛ:zimo] *adj*
neun-zehnter

ventesimo
[ven'tɛ:zimo] *adj*
zwanzigs-ter

ventune-simo
[ventu'nɛ:zimo] *adj*
einund-zwanzigster

venti-duesimo
[ventidu'ɛ:zimo] *adj*
zweiund-zwanzigster

venti-treesimo
[ventitre'ɛ:zimo] *adj*
dreiund-zwan-zigster

ventiquat-tresimo
[ventikuat-'trɛ:zimo] *adj*
vierund-zwan-zigster

trentesimo
[tren'tɛ:zimo] *adj*
dreißigster

quarantesimo
[kuaran'tɛ:zimo] *adj*
vierzigster

cinquantesimo
[tʃiŋkuan'tɛ:zimo] *adj*
fünfzigster

sessantesimo
[sessan'tɛ:zimo] *adj*
sechzigster

settantesimo
[settan'tɛ:zimo] *adj*
siebzigster

ottantesimo
[ottan'tɛ:zimo] *adj*
achtzigster

novantesimo
[novan'tɛ:zimo] *adj*
neunzigster

centesimo
[tʃen'tɛ:zimo] *adj*
hundertster

REGISTER

L

M

S

W

Z

ITALIENISCH

A

B

C

G

H

I

O

P

T

BILDNACHWEIS

Adobe Stock, Dublin: 3.4 (Ralf Gosch); **7.2 ff.** (Jan Engel); **12** (herlanzer); **13.3** (Racle Fotodesign); **13.4, 25.3** (Dron); **14.1** (photophonie); **14.5, 20.2, 26** (ArTo); **15.2** (DenisProduction.com); **15.3, 106.1, 149.1, 172.7** (Gina Sanders); **21.1** (Katie Little); **23.7, 36.2, 251.3** (ARochau); **24.2, 66.3** (auremar); **24.5** (Anatolii); **27.2, 67.4** (Franz Pfluegl); **27.3** (G.Light); **27.5** (Naj); **28.4** (Sam Edwards/KOTO); **29.5, 65, 93, 101, 139, 143, 145, 215** (picsfive); **29.4** (suksamranpix); **30.5** (rico287); **30.6** (grafikkollektiv); **31.1, 99.1** (Vladimir Mucibabic); **32.2** (Bergringfoto); **37.6** (Andreas P); **38.5, 178.2** (Kadmy); **40.2** (velirina); **40.3** (benik.at); **41.2** (bella); **42.1** (Sergii Mostovyi); **42.2** (Wollwerth Imagery); **43.2** (Patryk Doering); **43.4** (EdNurg); **45.2** (Andrei Korzhyts); **45.4** (drubig-photo); **45.6** (Sean Gladwell); **45.8** (AVAVA); **47.2** (djoronimo); **47.3** (Tatyana); **49.2** (Markus Mainka); **50.2** (Udo Kroener); **50.4** (ISO K Medien GmbH); **50.6, 160.3** (Peter Atkins); **56.3** (Domforstock); **62.3** (lightpoet); **64.2** (Sven Roethig); **64.3** (Blaumeise); **64.4** (LIGHTFIELD STUDIOS); **64.5** (Ramona Smiers); **65.5** (theartofphoto); **66.4** (michaeljung); **67.2** (JackF); **68.3** (refresh(PIX)); **68.5** (Zooropa); **68.8, 180.2** (Scott Griessel); **71.1, 117.5** (Patrizia Tilly); **72.1** (redhorst); **72.5** (A.Rein.); **74.1** (Berchtesgaden); **74.7, 80.4, 80.5** (Robert Kneschke); **76.2** (Yakobchuk Olena); **76.3** (Tatsiana); **79.7** (Kzenon); **80.1** (styf); **82.2** (MAK); **83.2, 105.7** (Eisenhans); **83.7** (Daniel Hohlfeld); **85.3** (Glaser); **87.3** (Sergey Novikov); **91.4.4** (cmfotoworks); **93.3, 133.5, 253.2.5, 107.3** (Jürgen Fälchle); **95.1** (Harry Marx); **99.5** (andyh12); **100.1** (Sergej Koschevoj); **101.2** (nickolae); **102.3** (jonbilous); **103.1** (Yay Images); **105.2** (Dan Race); **106.2** (forestpath); **107.2** (Guido); **119.3** (ClaraNila); **120.4** (DREIDESIGN.com); **124.2** (Dirima); **125.4** (Piotr Marcinski); **127.3** (RTimages); **130.3** (Gabi Moisa); **131.4** (Visions-AD); **133.4** (Christian Schwier); **135.3** (Sven Bähren); **136.1** (Drobot Dean); **138.3** (diego cervo); **146.2** (Patryk Kosmider); **149.2** (Jean-Pierre); **150.1** (highwaystarz); **155.3** (fotogestoeber); **155.7** (Minerva Studio); **156.1** (Darwis); **156.2** (Kitty); **157, 234.2** (Gnter Menzl); **158.3** (pizuttipics); **163.7** (W. Heiber Fotostudio); **165.2** (Jiri Miklo); **165.6** (yamix); **166.3** (kab-vision); **169.6** (ykordik); **172.1** (IrisArt); **172.4** (liveostockimages); **175.4** (Pixelbliss); **176.2** (emmi); **180.1, 210.7** (Tom Bayer); **184.2** (shoot4u); **191.2** (Mimi Potter); **191.3** (Maurizio Milanesio); **193.3** (Andy Nowack); **197.4, 227.3** (gandolf); **198.1** (Freefly); **198.2** (Galina Barskaya); **198.6** (.shock); **199.1** (Dudarev Mikhail); **199.3** (Kirill Zdorov); **199.4** (carmeta); **201.2** (Lovrencg); **203.1** (pics); **207.2** (Tatjana Balzer); **210.1** (peisker); **215.4** (mstein); **217.1** (Victimy); **217.6** (Frank-Peter Funke); **218.3** (DOC RABE Media); **218.6** (Katalin); **220.5** (#CNF); **222.4** (s4svisuals); **227.4** (Nadine Haase); **229.2** (grafikplusfoto); **236.1** (athapet); **238.7** (PANORAMO); **239.4** (Daniel Strauch); **245.9** (frenta); **246.5** (2xSamara.com); **247.3** (Syda Productions); **252.7** (Ekaterina Belova); **256.4** (chesterF); **256.5** (pwmotion); **258.3** (Himmelssturm); **259.3** (Elnur); **261.1** (ErnstPieber); **264.1** (Damblon Dimitri); **264.4** (M. Siegmund); **264.5** (steffenw); **265.3** (Netzer Johannes); **265.4** (WavebreakMediaMicro); **268.5** (Paul Orr); **255.4** (Tatiana Morozova); **279, 280** (ventura); **Getty Images, München: 4.2, 7.3, 232, 282** (tiero); **5, 32.1, 33.3** (Stockbyte); **13.1, 35.1** (BananaStock); **14.4** (Digital Vision); **15.5** (R-DESIGN); **15.6** (LanceB); **20.3** (ninjaMonkeyStudio); **21.3** (EmirMemedovski); **23.5** (alexemanuel); **24.4** (barisurunlu); **25.4** (IpekMorel); **27.1** (kraphix); **27.4, 27.7** (drbimages); **27.6** (mabe123); **28.2** (Polka Dot RF); **28.5** (cornecoba); **29.1** (James Woodson); **29.3, 62.6, 89.1, 125.1, 191.5** (Jupiterimages); **30.2, 54.8, 180.4** (Goodshoot); **31.2, 224.2** (Image Source); **32.5** (timnewman); **33.2, 136.2** (Gizmo); **33.4** (enviromantic); **34, 54.6, 77.1, 238.3** (Michael Blann); **35.5, 110.3** (Zoonar RF); **37.2** (Lisa-Blue); **38.1** (Wavebreakmedia Ltd); **41.1** (Nickos); **41.4** (yurok); **42.5** (shironosov); **44** (nullplus); **45.3** (Siri Stafford); **45.7** (Ingram Publishing); **46.7** (pijama61); **49.6** (Otti38); **62.2** (Creatas Images); **63.4** (ASphotowed); **65.2** (SQUAMISH); **66.5, 149.4** (Creatas); **73.2** (mediaphotos); **74.2** (gemenacom); **77.8** (Jeremy Poland); **79.2** (PhotoObjects.net); **79.6** (bogdanivan); **80.6** (ferrantraite); **81.1** (Hill Street Studios); **85.1** (eurobanks); **91.5** (paulprescott72); **92.5** (kparis); **95.2** (paulshark); **95.5** (Digital Vision.); **97.8** (captblack76); **117.6** (NickyLloyd); **131.3** (Nick Dolding); **135.5** (alacatr); **137.4** (AlesVeluscek); **151.1** (Sashkinw); **157.3** (alvarez); **158.2** (Sandralise); **164.3** (Yurii Kushniruk); **172.6** (Bildvision_AB); **179.3** (ta damichi); **179.4** (tadamichi); **180.7** (blocberry); **182.1** (-oqlpo-); **185.4** (msderrick); **197.3** (JPeragine); **199.2** (tatsi); **201.3** (Urilux); **202.2** (GoodLifeStudio); **208.2** (Juan Silva); **210.5** (TokioMarineLife); **211.3** (miralex); **219.5** (Ryan McVay); **225.5** (pomphotomine); **228.1** (powerofforever); **228.2** (Prachanda Rawal); **239.1** (Dreef); **255.5** (Thomas Northcut); **256.8** (AlxeyPnferov); **260** (diegograndi); **268.2** (AYakovlev); **PONS Archiv, Stuttgart: 38.2, 146.1, 161.4** (Pons Archiv); **Shutterstock, New York: U1** (Dean Drobot); **277, 278, 277** (defotoberg); **212, 213** (OleDavi); **214, 215.1** (Bardocz Peter); **3.2, 114, 115, 68.4** (pio3); **3.3, 58, 59** (MJTH); **3.1, 10, 11.1** (serg_dibrova); **4.1, 204, 205** (Oleg Znamenskiy); **4.3, 242** (sdecoret); **6.1, 124.1** (Andrey Chmelyov); **6.2, 125.5** (Voyagerix); **6.3 ff.** (Picsfive); **6.4, 41.3** (Rob Hainer); **7.1, 63.2, 14.2** (Nomad_Soul); **13.2** (Pentium5); **13.6** (Christo); **13.7** (Artem Furman); **14.3, 24.3, 82.5, 258.7, 278.14** (Diego Cervo); **15.1, 48.2, 124.4** (Oksana Kuzmina); **15.4, 77.7, 87.1, 88.2, 119.4** (Photographee.eu); **16.1, 17.1** (ArtOfPhotos); **17.2** (Subbotina Anna); **17.3** (Tinydevil); **17.4** (Ron Leishman); **18.1, 249.3** (Ivan_Nikulin); **18.2, 19.1** (Mauro Carli); **18.3** (alexandru UsPhoto); **18.4** (Ander5); **20.1** (Kletr); **20.4** (RimDream); **21.2** (Tinny Photo); **21.4** (rui vale sousa); **21.5, 267.4** (Kiselev Andrey Valerevich); **21.6, 31.3, 33.5, 35.4, 36.1, 39.4, 42.6, 47.7, 49.1, 51.1, 54.1, 57.4, 65.4, 69.4, 74.3, 75.4, 77.3, 79.4, 81.2, 89.5, 96.1, 97.7, 102.4, 105.5, 111.2, 130.2, 131.2, 132, 135.6, 138.4, 145.5, 148.1, 152.1, 156.5, 158.1, 164.4, 166.7, 175.2, 177.2, 181.1, 185.1, 186.1, 188.5, 192.4, 195.1, 200.2, 207.6, 218.4, 220.1, 221.2, 223.6, 225.3, 238.4, 253.3, 257.3, 259.2, 262.4, 273.2** (Everett Collection); **22, 257.4** (Volodymyr Baleha); **23.1** (MANDY GODBEHEAR); **23.2, 94.3** (Maryna Pleshkun); **23.3, 99.3** (Nejron Photo); **23.4** (Canon Boy); **23.6, 69.1, 137.1, 137.2, 178.1, 185.2, 194.3, 252.1, 281.1** (wavebreakmedia); **24.1** (anna karwowska); **24.6** (Lana K); **25.1** (Leah-Anne Thompson); **25.2** (Chad Zuber); **25.5** (Helder Almeida); **25.6** (MCarper); **27.8, 265.2** (Ppictures); **28.1** (iordani); **28.3** (amophoto_au); **28.6, 63.1, 83.6, 103.3** (CREATISTA); **29.2** (Andrei Mayatnik); **30.1, 92.6, 94.5** (Pressmaster); **30.3** (Paul Vasarhelyi); **30.4, 201.5** (rad fx); **31.4, 250.1** (Andrey Yurlov); **32.3** (Oksana Mizina); **32.4** (vivairina1); **32.6** (Lopolo); **32.7**

(Images by Dr. Alan Lipkin); **32.8** (Vitalinka); **33.1** (Vanoa2); **33.6, 145.2** (Stokkete); **35.2** (ChicagoStockPhotography); **35.3, 127.6** (Fer Gregory); **35.6** (GoDog Photo); **35.7** (White Space Illustrations); **36.3** (Straight 8 Photography); **36.4, 109.2** (Jacob Lund); **37.1** (Galyna Andrushko); **37.3** (maradon 333); **37.4** (Maryna Kulchytska); **37.7, 151.2** (Brocreative); **38.3** (Feng Yu); **38.4, 150.4** (TaLyDes); **39.1** (Birute Vijeikiene); **39.2** (Andrey_Popov); **39.3** (Purino); **39.5** (Andrey_Kuzmin); **40.1** (Phovoir); **40.4, 239.3** (Nagel Photography); **40.5** (Monster e); **40.6** (FotoAndalucia); **42.3, 92.7, 150.3** (Sergey Nivens); **43.1, 97.5** (Malchev); **43.3, 134.4, 154.1, 165.7, 172.2, 192.3** (Pavel L Photo and Video); **43.5** (Mehmet Dilsiz); **43.6, 143.2** (Ewa Studio); **45.1** (realpeople); **45.5, 73.1** (Kaspars Grinvalds); **46.1, 127.2** (Elisanth); **46.2** (Irina Borsuchenko); **46.3** (SciePro); **46.4** (alphaspirit); **46.5, 54.7** (ArtFamily); **46.6** (Evgeniya Krutova); **47.1, 91.3, 101.5, 217.5** (sirtravelalot); **47.4** (Rades); **47.5** (ANURAK PONGPATIMET); **48.3, 153.7** (Gemenacom); **48.4, 106.3, 192.5, 207.3** (Syda Productions); **49.3** (ByEmo); **49.4** (Chaikom); **49.5, 187.5** (sima); **49.7** (Burlingham); **50.1** (Jenoche); **50.3** (TORWAISTUDIO); **50.5** (Samot); **50.7** (Alan Poulson Photography); **51.2** (Dima Gorohow); **51.3** (Khamidulin Sergey); **51.4** (Danilovski); **51.5, 143.5** (Olesia Bilkei); **52, 53** (FashionStock.com); **53.2, 278.10** (Lisa-S); **53.3** (Alexandru Marian); **53.4** (greenland); **54.2** (Valery Sidelnykov); **54.3** (R. Fassbind); **54.4, 94.6** (Lucky Business); **54.5, 61.2** (Iakov Filimonov); **54.9** (George Mayer); **55, 86** (NinaMalyna); **56.1** (sportpoint); **56.2** (Maryia Naidzionysheva); **56.4** (Olga Bogdanova); **56.5** (Kuznetcov_Konstantin); **57.1, 70, 191.4, 272.3, 281.2, 281.3** (Monkey Business Images); **57.2** (Eugenio Marongiu); **57.3, 166.1, 172.3** (Africa Studio); **60** (KPG_Payless); **61.3** (Alessandro de Leo); **62.1** (oliveromg); **62.4** (Tomsickova Tatyana); **62.5, 97.1** (Air Images); **62.7** (VP Photo Studio); **64.1** (rangizzz); **65.1** (Pigprox); **65.5** (dezy); **66.1, 125.2, 198.5, 231.8** (Lapina); **66.2** (Clive Chilvers); **66.6, 84.4, 100.5, 101.4, 102.1, 161.2, 252.3** (ESB Professional); **67.1, 87.4** (oneinchpunch); **67.3** (Jez Bennett); **68.2, 96.4, 159.2, 223.5** (Vasilyev Alexandr); **68.6** (siamionau pavel); **68.7** (alexandre zveiger); **69.2, 105.1, 162, 247.4** (Rawpixel.com); **69.3, 100.4** (ChameleonsEye); **69.5, 157.2** (Poznyakov); **71.2** (Pikoso.kz); **71.3** (Andrey Armyagov); **71.4, 275.5** (Krakenimages.com); **71.5** (Tatiana Makotra); **71.6** (InnaFelker); **71.7** (Ilaszlo); **72.2** (Elena Rostunova); **72.3** (Ozgur Coskun); **72.4** (Asier Romero); **72.6** (siro46); **73.3** (solominviktor); **73.4, 133.1, 187.6, 275.6** (Dragon Images); **74.4** (szefei); **74.5** (BoxerX); **74.6, 207.5, 220.6** (Antonio Guillem); **75.1** (G-Stock Studio); **75.2** (focal point); **75.3** (okab); **75.5** (funkyfrogstock); **76.1** (Sebastian Gauert); **76.4** (Paolo Bona); **77.2** (Andrea Danti); **77.4** (DG Stock); **77.5** (Maria Starus); **78** (Petra Christen); **79.1** (file404); **79.3** (fakezzz); **79.5** (Jason Stitt); **80.2** (DenisNata); **80.3** (Tania Kolinko); **80.7** (Laborant); **81.3** (Jeroen van den Broek); **82.1** (logoboom); **82.3, 177.4, 178.5** (Dmitry Kalinovsky); **82.4** (Song_about_summer); **82.6** (Darren Baker); **83.1, 88.4** (mangostock); **83.3, 262.3** (Ermolaev Alexander); **83.4, 140.1, 254.1** (Matej Kastelic); **83.5** (pathdoc); **84.1** (ThamKC); **84.2, 89.6, 120.1, 148.2, 153.2, 192.1, 208.3, 232.2, 259.1** (Ollyy); **84.3** (blocberry); **84.5** (VGstockstudio); **84.6** (WaiveFamisoCZ); **84.7** (inxti); **84.8** (Elnur); **85.2** (Ellina Balioz); **85.4** (Perutskyi Petro); **87.2** (Denise Andersen); **87.5** (photomak); **87.6** (Andrey Arkusha); **87.7** (Ezume Images); **88.1** (gpointstudio); **88.3** (Studio_G); **88.5** (Stas Ponomarencko); **88.6** (Eugene Partyzan); **89.2** (curtis); **89.3** (2happy); **89.4, 265.1** (Frank11); **90** (ArtisticPhoto); **91.1** (Smit); **91.2** (Peter Wey); **91.7** (Sofiaworld); **92.1** (Viacheslav Lopatin); **92.2** (critterbiz); **92.4** (J Walters); **93.1** (Stefano Buttafoco); **93.2** (windmoon); **93.4** (Mauvries); **94.1** (Axel Bueckert); **94.2** (Featureflash Photo Agency); **94.4** (Dasha Petrenko); **94.7** (Imagewell); **95.3** (Zoran Karapancev); **95.4** (Vectorfair.com); **96.2** (WaitForLight); **96.3** (Claire Slingerland); **97.2** (Pim Leijen); **97.3, 145.1** (Yuganov Konstantin); **97.4** (Carolina K. Smith MD); **97.6** (mrcmos); **97.9** (Blaj Gabriel); **98.1** (e X p o s e); **99.2** (Tom Kuest - Fotograf); **99.4** (Jan S.); **99.6** (Concept Photo); **100.2** (mountainpix); **101.1** (Sergey Uryadnikov); **101.3** (izzet ugutmen); **101.6** (Ryan Rodrick Beiler); **102.2, 262.1** (Hadrian); **103.2** (Michael Pettigrew); **103.4** (Andrei Shumskiy); **103.5** (Rafal Olechowski); **104** (Nataliya Hora); **105.3** (ZG-Photography); **105.4** (Brian A Jackson); **106.4** (Svittlana); **107.1** (wk1003mike); **107.4** (CandyBox Images); **107.5, 140.4** (bibiphoto); **108.1** (B Brown); **108.2** (jukgrapong); **108.3** (Bildagentur Zoonar GmbH); **109.1** (Studio 37); **109.4** (MaxyM); **109.5, 138.5, 157.4** (Lisa F. Young); **110.1** (fotografos); **110.2, 211.2** (ChiccoDodiFC); **110.4** (Hamik); **111.1, 241.7** (Castleski); **111.3** (Len44ik); **111.4** (Michael Potter11); **111.5** (Tonographer); **111.6** (Jurik Peter); **112.1** (Lightspring); **112.2** (Iconic Bestiary); **112.3** (solarseven); **112.4** (Rustamir); **113.1** (Pepsco Studio); **113.2** (Lubos Chlubny); **113.3** (Tanis Saucier); **113.4** (KN); **116** (RoongsaK); **117.1** (Yauhen Paleski); **117.2** (Gaspar Janos); **117.3** (zoff); **117.4, 234.5** (Tomacco); **117.7** (pcruciatti); **118.1** (Carlos Amarillo); **118.2** (aliisik); **118.3, 167.1** (Adisa); **118.4** (txking); **119.1** (except_else); **119.2, 221.1** (travelview); **120.2** (SusaZoom); **120.3** (Kuttelvaserova Stuchelova); **120.5** (gemphoto); **120.6** (manzrussali); **120.7** (kryzhov); **121.1** (TunedIn by Westend61); **121.2** (S-F); **121.3** (scantaur); **121.4** (venimo); **121.5** (Christian Delbert); **121.6** (Anton Havelaar); **122, 123** (3000ad); **122, 123** (Hal_P); **124.3** (Artazum); **124.5** (275847); **125.3** (Bona_natty); **126.1** (Kotomiti Okuma); **127.4, 180.5** (David Pereiras); **127.5** (Veda J Gonzalez); **128.1** (PozitivStudija); **128.2** (Stefano Garau); **128.3** (Camilo Torres); **129.1, 231.3, 241.2** (Triff); **129.2** (Friends Stock); **129.3** (Citrina); **129.4** (Dmitry Naumov); **130.1** (Evgeny Atamanenko); **130.4** (Mazur Travel); **131.1** (Frenzel); **131.5, 143.3** (Cameron Whitman); **133.2, 160.4** (XiXinXing); **133.6** (Madua); **133.7** (Twin Design); **134.1** (Robert Kneschke); **134.2** (Roy Pedersen); **134.3, 183.4** (Adriano Castelli); **135.1** (Jeanne McRight); **135.2** (steve estvanik); **135.4** (Kruglov_Orda); **136.3** (karelnoppe); **136.4** (di Bronzino); **137.3** (kwanchai.c); **137.5** (Melinda Nagy); **137.6** (Idealphotographer); **138.1** (jorgen mcleman); **138.2** (Gerald Bernard); **138.6** (ZouZou); **139.1** (Sabphoto); **139.2** (goodluz); **139.3** (supercat); **140.2** (dotshock); **140.3** (jianbing Lee); **141.1** (Yukiakari); **141.2** (Songsak Pandet); **141.3** (motorolka); **141.5** (conrado); **142** (rtbilder); **143.1** (Ilya Andriyanov); **143.4** (photolike); **143.6** (Stephen Orsillo); **143.7** (SasinTipchai); **144, 271.3** (kudla); **145.3** (Sergey Mironov); **146.3** (travelfoto); **147.1** (NWM); **147.2** (lzf); **147.3** (Tinxi); **147.4** (Dave Clark Digital Photo); **147.5** (ILYA AKINSHIN); **148.3** (V. Ben); **149.3** (Sergey Ryzhov); **149.5, 245.4** (BlueOrange Studio); **149.6** (Chokniti Khongchum); **150.2** (gyn9037); **151.3** (arogant); **152.2** (Microgen); **152.3**, **249.4** (Sue McDonald); **153.1** (nevenm); **153.3** (Matt Antonino); **153.4**, **171.4** (stockfour); **153.5** (iofoto); **153.6** (Voronin76); **155.1** (Anna Demianenko); **155.2** (TFoxFoto); **155.4**, **221.3**, **245.2** (l i g h t p o e t); **155.5** (Sorbis); **155.6** (van_Nikulin); **156.3** (Konstantin Chagin); **156.6**, **199.5** (matimix); **157.5** (Freeman Studio); **158.4** (flashgun); **159.1** (SFC); **159.3** (Bashigo); **159.4** (Slatan); **160.1** (Eimantas Buzas); **160.2** (MSharova); **161.1** (Creativa Images); **161.3** (Guillem Calatrava); **161.5** (werny); **163.1**, **266.1** (Natalia Deriabina); **163.2** (InsectWorld); **163.3** (WOLF AVNI); **163.4** (Denis Burdin); **163.6** (Martin Gaal); **164.1** (Frank Chang); **164.2** (Denisov Dmitry); **165.1** (Denis Kichatof); **165.3** (bogdanhoda); **165.4** (Vladimir Nenezic); **166.2** (Lilly Trott); **166.4** (Rachata Teyparsit); **167.2** (Evgeny Karandaev); **167.3** (yevgeniy11); **167.4** (3523studio); **168.1** (nmedia); **168.2** (freya-photographer); **168.3** (Massimiliano Pieraccini); **168.4** (Svekrova Olga); **169.1** (Alexander Raths); **169.2** (Jka); **169.3** (Natasha Breen); **169.4** (stockcreations); **169.7** (Dalibor Sevaljevic); **170.1** (Gua); **170.2** (zixian); **170.3** (Ensuper); **170.4** (Gilmanshin); **170.5** (ben bryant); **171.1**, **184.3**, **207.1**, **275.6** (Kzenon); **171.2** (monofaction); **171.3** (vichni); **171.5** (Dmitry Elagin); **171.6**, **261.3** (Botond Horvath); **172.5** (Tsuguliev); **173.1**, **187.3** (Federico Rostagno); **173.2**, **209.4** (Edler von Rabenstein); **173.3** (Sergej Cash); **173.4** (Sundraw Photography); **173.6** (Billion Photos); **173.7** (Eskymaks); **173.8** (Image Point Fr); **174.1** (Denizo71); **175.1** (True Touch Lifestyle); **175.3** (Rommel Canlas); **175.5** (Jaros); **175.6** (Efired); **176.1** (Yulia Grigoryeva); **176.3** (Olesya Kuznetsova); **176.5**, **223.1** (Romrodphoto); **177.1**, **258.6** (javarman); **177.3** (Shaiith); **178.3** (Jack Frog); **178.6** (Mirelle); **179.1** (Mike Pellinni); **179.2** (Dmitriy Bryndin); **180.3** (Petrenko Andriy); **180.6** (Sean Locke Photography); **180.8** (drawkman); **181.2** (Gergely Zsolnai); **183.1** (Irina Mosina); **183.2** (Geoff Goldswain); **183.3** (phloxii); **183.5**, **270.1** (andersphoto); **184.1** (Jack.Q); **185.3** (Diana Hlevnjak); **185.5** (Ondrej Prosicky); **186.2**, **274.3** (SpeedKingz); **186.3** (Olga Visavi); **186.4** (testing); **187.1**, **272.4** (Yayayoyo); **187.2** (Alexey Laputin); **187.4** (PrinceOfLove); **188.1** (TDC Photography); **188.2** (digitalreflections); **188.3** (Terrence Meehan); **188.4** (erebnora); **189.1** (Sodel Vladyslav); **189.2** (Fidel); **189.3** (MZPHOTO.CZ); **190.1** (Oscity); **191.1**, **193.5**, **271.5** (Radiokafka); **192.2** (lkpro); **193.1** (Free Belarus); **193.2** (nikkytok); **193.4** (Vilius Steponenas); **194.1** (gnohz); **194.2** (AS Inc); **194.4** (Asianet-Pakistan); **195.2** (Pincasso); **195.3** (cunaplus); **195.4** (MikeDotta); **196.1** (Sergey Peterman); **197.1** (Nestor Rizhniak); **197.2** (Renars Jurkovskis); **197.5** (ARKHIPOV ALEKSEY); **198.4** (cynoclub); **199.7** (PremiumVector); **199.8** (Denis Moskvinov); **200.1** (Prometheus72); **200.3** (Stefan Holm); **200.4** (zeljkodan); **200.5** (360b); **201.1**, **273.6** (Ververidis Vasilis); **201.4** (Iryna Rasko); **202.1** (ajt); **202.3** (Comaniciu Dan); **202.4** (Helen Bloom); **202.5** (emin kuliyev); **203.2** (AlohaHawaii); **203.3** (Dainis); **203.4** (dean bertoncelj); **203.5** (PichetSupavet); **206.1** (Konstantin Zaykov); **207.4** (Kuzmin Pavel); **207.7** (lightwavemedia); **208.1** (donvictorio); **209.2** (MPH Photos); **209.3** (DoublePHOTO studio); **209.5** (Ronald Sumners); **210.2**, **245.6** (withGod); **210.3** (Shchipkova Elena); **210.4** (GoneWithTheWind); **210.6** (leonardo2011); **211.1** (Jacek Chabraszewski); **211.4** (Sergejus Lamanosovas); **215.2** (zkruger); **215.3** (IriGri); **215.5** (marcin jucha); **216.1** (Pumidol); **217.2** (AlgizUral); **217.3** (Kamira); **217.4** (Lian Deng); **218.1** (littlenySTOCK); **218.2** (Taweesak Inmek); **218.5** (Stephan Guarch); **219.1** (Daxiao Productions); **219.2** (Jamie Wilson); **219.3** (James Steidl); **219.4**, **237.5** (Art Konovalov); **220.2** (Konstantin Tronin); **220.3** (AKaiser); **220.4** (Steve Photography); **220.7** (happystock); **222.1** (mkant); **222.2** (joyfull); **222.3** (Ellagrin); **223.2** (potowizard); **223.3** (PhaiApirom); **223.4** (Kartouchken); **224.1** (Angela N Perryman); **224.3** (oksana.perkins); **225.1** (Peter Zijlstra); **225.2** (Ben Carlson); **226.1** (Surkov Vladimir); **227.1** (nik187); **227.2** (Christian Musat); **227.5** (Maciej Czekajewski); **227.6** (Baronb); **227.7** (Rasstock); **228.3** (costas anton dumitrescu); **228.4** (Doremi); **228.5** (AlexMaster); **228.6** (Maxim Ahner); **228.7**, **246.6** (jan kranendonk); **229.1** (SergeyIT); **229.3** (Gilles Paire); **229.4** (Scorpp); **229.5** (feilzy); **230.1** (aphotostory); **231.1** (Mascha Tace); **231.2** (Valentina Razumova); **231.4** (Ruslan Iefremov); **231.5** (Chones); **231.6** (Styve Reineck); **231.7** (PavleMarjanovic); **232.1** (Enzojz); **232.3** (VikOl); **232.4** (Marso); **232.5** (Fotoluminate LLC); **232.6** (Bernd Schmidt); **233.1** (Sadik Gulec); **233.2** (Patrick Poendl); **233.3** (Akawath); **233.4** (iacomino FRiMAGES); **233.5** (Dave Allen Photography); **234.1** (lehvis); **234.3** (Aleksandar Todorovic); **234.4** (waldru); **235.1** (Juliann); **235.2** (AQ_taro_neo); **235.3** (Isabelle Kuehn); **236.2** (FloridaStock); **236.3** (jurra8); **237.1** (kuzsvetlaya); **237.2** (debr22pics); **237.3** (NikD90); **237.4** (MyImages - Micha); **238.1** (Atstock Productions); **238.2** (benik.at); **238.5** (Ralf Maassen (DTEurope)); **238.6** (Catalinka); **239.2** (Dustie); **240.1** (Aphelleon); **241.1** (Ivan Cholakov); **241.3** (LuminatePhotos by judith); **241.4** (littlesam); **241.5** (Tupungato); **241.6** (Vadim Sadovski); **244** (Kertu); **245.1** (Nickolya); **245.3** (Irina Fischer); **245.5** (dba duplessis); **245.7** (Maridav); **245.8** (Javier Brosch); **245.10** (Golitsynsky); **245.11** (CroMary); **245.12** (Ricardo Reitmeyer); **246.7** (adriaticfoto); **246.1**, **246.2**, **246.3**, **246.4** (mekcar); **247.2** (Hrecheniuk Oleksii); **248.1** (Sergey Novikov); **248.2** (Wallenrock); **248.3** (Sarah Jane Taylor); **248.4** (Chris Contos); **249.1** (Migel); **249.2** (josinadewit); **251.1** (katalinks); **251.2** (Spiroview Inc); **251.4** (antoninaart); **252.2** (optimarc); **252.4** (Alena TS); **252.5** (Igor Bulgarin); **253.1** (Anastasia Bulanova); **255.1** (Maria Zamuriy); **255.2** (Marie C Fields); **255.3** (giulia186); **255.6** (Nor Gal); **255.7** (triocean); **255.8** (goodmoments); **256.6** (Ekaterina Pokrovsky); **256.7** (Lysogor Roman); **256.1**, **256.2**, **256.3** (Pavel_Markevych); **257.1** (ClimbWhenReady); **257.2** (Vaclav Volrab); **257.5** (ChickenStock Images); **257.6** (pixelheadphoto digitalskillet); **258.1** (Anton Foltin); **258.2** (HitToon); **258.4** (tommaso lizzul); **258.5** (ziviani); **261.2** (Leonid Andronov); **261.4** (zhu difeng); **261.5** (Paolo Gallo); **261.6** (IM_photo); **262.2** (MNStudio); **262.5** (stable); **263.2** (Nuttawut Uttamaharad); **263.3** (Artush); **263.4** (S1001); **263.5** (Marinka Alisen); **263.6** (anetapics); **264.2** (Audrey Snider-Bell); **264.3** (robert paul van beets); **267.1** (Bignai); **267.2** (Ron Ellis); **267.3** (ermess); **267.5** (RossHelen); **267.6** (Gustavo Frazao); **268.1** (Nataliya Turpitko); **268.3** (yggdrasill); **268.4** (Stefano Pellicciari); **268.6** (DONOT6_STUDIO); **269.1** (Jag_cz); **269.2** (kaband); **269.3** (Jasmine_K); **271.1** (Mira Arnaudova); **271.2** (Max Herman); **271.4** (Kues); **272.1** (Milosz Maslanka); **273.3** (Doin); **273.4** (motuwe); **273.5** (Misha Beliy); **273.7** (Ariwasabi); **274.1** (gmstockstudio); **274.2** (mama_mia); **274.4** (Niran Phonruang); **274.5** (Ivan Smuk); **275.2** (luigi nifosi); **275.3** (BGSmith); **275.4** (Inga Locmele); **276.1** (Dmitry Argunov); **277.1** (Imran Khan Photography); **278.9** (Mike Flippo); **278.11** (Ryan M. Bolton); **278.12** (kan Sangtong); **278.13** (Rahhal); **281.4** (AboutLife); **281.5** (IKO-studio); **281.6** (belushi); **281.7** (Kristo-Gothard Hunor); **281.8** (Claudia Paulussen)